선택적 함묵증,
현명하게 대처하는 방법

아이가
말을 하지
않아요

human
therapy
102

선택적 함묵증,
현명하게 대처하는 방법

아이가
말을 하지
않아요

소노야마 시게키 지음

조성하 옮김

이담북스

일러두기

* 이 책에서는 개인정보 보호를 위해 다음과 같이 대응하고 있습니다.
  * 예시에 나오는 인명은 모두 가명입니다. 한국어판에서는 우리나라 이름으로 바꾸었습니다. (예: 요시오 → 윤호, 요리 → 예리)
  * 예시로 기재하고 있는 내용은 실제 사례를 바탕으로 하되, 취지에서 벗어나지 않는 범위에서 각색하거나 창작한 것입니다.
  * 인용 문헌을 붙인 예시는 문헌에서 그대로 발췌하거나 취지를 유지하며 일부 각색한 것입니다.
* 이 책에서 '유치원'은 어린이집을 포함한 취학 전 아동 교육기관을 통칭합니다. '학교'는 초등학교를 의미하지만, 중학교, 고등학교에 해당하는 경우도 다수 있습니다.
* 한국 독자의 이해를 돕기 위해 각주를 추가하였습니다. 이 각주는 한국 교육 제도와 관련된 차이점을 설명하거나 한국 독자들에게 생소할 수 있는 외국의 사례를 보완하기 위해 제공한 것입니다.
* 이 책에서는 주요 개념을 '선택적 함묵증'으로 통일하였습니다. 한국에서는 '장면함묵, 상황함묵, 선택적 함구증'이라는 용어도 혼용하고 있습니다. 참고로, 원서에서는 '場面緘黙(장면함묵)'이라는 용어로 표현되었습니다.

❖ 들어가는 말

선택적 함묵증이 있는 아동들은 유치원이나 학교에서 많은 '어려움'을 경험합니다. '곤란하다'라는 말을 소리 내어 전하지 못해서 더 어려운 상황에 내몰리는 아동도 있습니다. 이 책의 목적은 '어려운 상황'을 해소하고 '말할 수' 있도록 그 행보를 지원하는 것입니다. 그러기 위해서는 유치원이나 학교의 교사, 보호자, 전문직, 그리고 아동을 포함한 연계 협력이 필요합니다.

'선택적 함묵증'의 주요 증상은 가정에서는 가족과 정상적으로 대화할 수 있으나, 유치원이나 학교 등 특정 상황에서 말이나 목소리가 나오지 않는 것입니다. 이러한 선택적 함묵증 증상이 있는 아동들은 지금까지 드물다고 여겨졌습니다. 확실히 일본이나 해외의 연구를 보면 선택적 함묵증 유병률은 대부분 1% 이하로, 자폐 범주성 장애 등과 같은 발달장애와 비교하면 '드물다'라고 할 수 있을지도 모릅니다.

그러나 연수 등에서 유치원이나 학교 교사에게 물어보면 선택적 함묵증이나 이러한 경향을 가진 아동을 담임한 경험이 있는 교사가 절반에 가까웠습니다. 선택적 함묵증에 대한 정의나 생각하는 방식 또는 개념, 증상의 다양성으로 인해 판단이 다를 수는 있지만 예전만큼 드물지는 않다는 것이 지금의 생각입니다.

선택적 함묵증의 증상은 무엇일까요? 개인차와 상태상의 다양성은 어떨까요? 조기 발견이나 조기 지원은 어떻게 하면 좋을까요? 유치원이나 어린이집 등 보육 상황에서의 지원은 어떻게 하면 좋을까요? 초등학교 수업에서는 말하는 상황이 많이 있는데, 어떤 대응이 적합할까요? 가정에서 할 수 있는 지원이 있을까요? 그리고 말할 수 있게 하기 위한 지원은 어떻게 하면 좋을까요?

이러한 물음이나 의문에 대답하는 것이 이 책의 목적입니다. 저의 지원 경험과 연구 성과를 중심으로 국내외의 연구 성과를 더해 가능한 한 알기 쉽게 설명하고자 했습니다. 그리고 지원 요령이나 실제로 궁리[工夫]한 것을 곧바로 유치원이나 학교나 가정에서 적용할 수 있도록 구체적으로 소개하였습니다.

선택적 함묵증 아동의 담임을 맡고 있어서 어떻게 대응하면 좋을지 곧바로 알고 싶은 독자는 '뒤에서부터 읽기'를 추천합니다. 즉, 지원 방법에 관해 사례를 들어 구체적으로 소개한 마지막 제5장부터 읽기 시작하여 제4장, 제3장의 순으로 뒤에서부터 읽으면 일상에서의 실천에 도움이 될 것입니다. 어느 장부터 읽어도 알 수 있도록 중요한 내용은 반복해서 설명하고 있는 점도 이 책의 특징입니다. 제3장, 제4장, 제5장은 "어떻게 하면 좋을까?"라는 교사의 물음에 답하고 있으며, 이를 위해 필요한 지식을 제1장과 제2장에 적어 두었습니다.

　　각 장의 마지막에는 총 11개의 칼럼을 실었습니다. 본문에 다 싣지 못한 내용을 독자 분들께 전하고자 추가로 적어 두었습니다. 이 칼럼들을 통해 선택적 함묵증을 보다 넓은 관점에서 이해할 수 있을 것입니다. 각 칼럼은 관심 있는 주제부터 읽어 주시기 바랍니다.

　　선택적 함묵증은 유치원이나 학교에서 일어나는 경우가 대부분이므로, 먼저 선생님들부터 읽어 주시기를 권합니다. 또한 보호자가 선택적 함묵증을 바르게 이해하고 일상생활 속에서 자녀에게 다가설 수 있으며, 보호자가 할 수 있는 지원을 실천하도록 보호자에게도 이 책을 추천합니다. 나아가 발달지원이나 임상심리 등의 전문직에 있는 분들도 꼭 읽어 주었으면 합니다. 전문직이라고 해도 선택적 함묵증 아동을 실제로 지원한 경험이 있고, 말할 수 있게 되기까지 지속적으로 지원해 본 사람은 적은 것이 현실입니다. 연계 협력의 핵심이 되는 전문직 분들이 선택적 함묵증의 다양성을 올바르게 이해하고 구체적인 지원 방법을 숙지해 주셨으면 합니다.

소노야마 시게키

❖ 목차

제4장 **안심감과 참여도를 높이는 대응 방법**

제5장 # 말하기로 가는 길 – 스몰 · 스몰 · 스몰 · 스텝

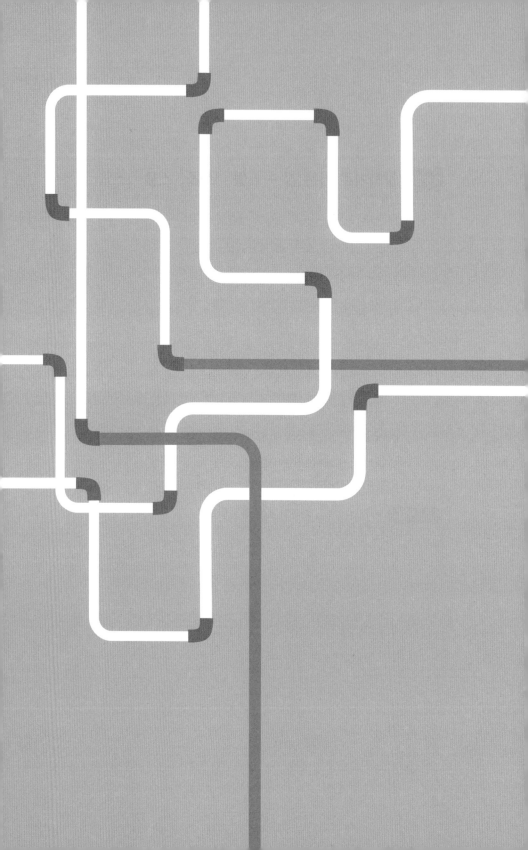

제1장

어떻게
알아차릴 수
있을까

1. 선택적 함묵증이란

선택적 함묵증의 주요 증상은 뚜렷합니다. '가정에서 가족과는 말할 수 있는데, 유치원이나 학교에서는 목소리가 나오지 않는다'라는 것입니다. 가정에서 가족과는 대화할 수 있기 때문에, 언어발달에 문제가 있는 것은 아니고, 언어능력이나 대화능력도 자라고 있습니다. 그러나 유치원이나 학교에 가면 말할 수 없게 되어 버립니다. 실제로는 말을 못하는 것이 아니라 목소리가 나오지 않는다고 하는 편이 옳겠습니다.

선택적 함묵증의 주요 증상을 정리하면 다음과 같습니다.

> 어떤 상황(가정·가족 등)에서는 목소리를 내서 말할 수 있어도, 어떤 특정 상황(유치원·학교·교사·반 친구 등)에서는 목소리가 나오지 않아 말할 수 없게 된다.

곧, 선택적 함묵증은 '상황에 따라 함묵이 된다(말할 수 없게 된다)'는 의미입니다. 그래서 유치원이나 학교에서 말하지 못하는 아동이 있으면, 먼저 그 아동이 가정에서 말하고 있는지를 보호자에게 묻는 것이 중요합니다. 만약 가정에서는 평범하게 말하는 것이 확인된다면 선택적 함묵증일 가능성이 높아 조기 발견할 수 있습니다.

2. 의학적 진단 기준에서 선택적 함묵증을 배우다

선택적 함묵증은 의학 영역에서는 명확한 진단 기준이 정해져 있으며, 의사는 이러한 진단 기준에 따라 진찰합니다. 여기서는 세계적으로 많이 사용되는 미국정신의학회와 WHO(세계보건기구)의 진단 기준을 살펴보겠습니다.

그 전에 한 가지 짚어 두어야 할 것이 있습니다. 바로 용어 문제입니다. 선택적 함묵증은 의학적 진단명 및 그 밖의 영어 문헌에서 'selective mutism'으로 표기되는 경우가 많습니다. 직역하면 '선택적 함묵'이지요. 그러나 '선택적'이라는 표현은 본인이 '말하다'나 '말하지 않는다' 중 하나를 선택하고 있다는 오해를 불러일으키기 쉽고(久田他, 2014), 선택적 함묵증의 증상 메커니즘을 올바르게 나타내고 있다고는 말할 수 없습니다. 선택적 함묵증 아동들은 '스스로 선택해서 목소리를 내지 않는' 것이 아니라, '상황에 따라 (목소리를 내려고 해도) 목소리가 나오지 않는' 것이 사실입니다.

저도 예전에는 '선택적 함묵'이라는 직역 표현을 사용했지만, 최근에는 증상 메커니즘에 적합한 일본어로 '상황함묵'을 사용하도록 권장합니다. 그래서 이 책에서는 행정문서 인용 등의 경우를 제외하고 의학적 진단명을 포함하여 'selective mutism'의 번역어로서 '상황함묵'을 사용했습니다.`

미국정신의학회 진단 기준 DSM-5

2013년에 간행된 미국정신의학회의 'DSM-5'(미국정신의학회, 2014)에 제시된 선택적 함묵증(선택적 함구증)의 진단 기준은 다음과 같습니다.

A 다른 상황에서는 말할 수 있음에도 불구하고 말하는 것이 기대되는 특정 사회적 상황(예: 학교)에서 일관되게 할 수 없다.

B 장애가 학업상, 직업상의 성적 또는 대인적 의사소통을 방해한다.

C 이 장애의 지속 기간은 최소 1개월(입학 후 첫 1개월만으로 국한되지 않음)이다.

D 말하지 못하는 이유가 사회적 상황에서 요구되고 있는 말에 대한 지식의 부족함이나 말하는 것과 관련된 즐거움의 부족함으로 인한 것은 아니다.

E 이 장애는 의사소통 장애(예: 아동기 발병 유창성 장애)로는 잘 설명되지 않고, 자폐스펙트럼장애, 조현병, 또는 그 밖의 정신병적 장애의 경과 중에만 발생하는 것은 아니다.

미국정신의학회(다카하시 사부로, 오노 유타카 감역)(2014). DSM-5 정신질환 진단 · 통계 매뉴얼. 의학서원, p. 193에서 인용(원저: American Psychiatric Association (2013). *Diagnostic and Statistical Manual of Mental Disorders*, Fifth Edition. Arlington, VA: American Psychiatric Publishing.)

WHO(세계보건기구)의 진단 기준 ICD-11

세계적으로 이용되는 또 한 가지 진단 기준으로는 2018년에 WHO에서 공표한 ICD-11(국제질병분류, 제11차 개정판)이 있으며, 선택적 함묵증을 다음과 같이 기술합니다(WHO, 2018).

---

* 한국어판에서는 번역 통일성을 유지하기 위해, 의학적 진단명과 관련된 모든 경우에 '선택적 함묵증'을 사용했다.

선택적 함묵증은 특정한 사회적 상황(일반적으로 가정)에서는 충분한 언어능력을 발휘하지만 다른 사회적 상황(일반적으로 학교)에서는 일관되게 말하지 못하는 것처럼 발화에 일관된 선택성이 있는 것을 특징으로 한다. 이 장애는 적어도 1개월 지속되며 입학 후의 1개월에 한정되지 않고 이어져, 학업이나 대인적 의사소통에 지장을 초래한다. 말할 수 없는 원인이 사회적 상황에서 필요한 말을 몰라서 또는 그 말에 익숙하지 않아서는(예를 들어, 학교에서 사용되는 언어와 가정에서 사용하는 언어가 다른 경우 등) 아니다.

제외 항목: 조현병, 유아의 분리불안증에서 보이는 일과성 함묵, 자폐스펙트럼 장애

WHO (2018). ICD-11: International Classification of Diseases 11th Revision. https://idc.who.int/en으로부터 저자가 번역

선택적 함묵증의 기본 증상

이 두 가지 의학적 진단 기준에서 선택적 함묵증의 기본 증상을 다섯 가지로 정리할 수 있습니다.

① 언어능력은 있다

가정에서는 말하고 있기 때문에 언어능력은 있습니다.

② 상황에 따라 말할 수 없게 된다

유치원이나 학교 등 특정 상황에서 말할 수 없게 됩니다.

③ 한 달 이상 지속된다

입학 후 처음 마주하는 상황에 적응하는 데 시간이 걸리며, 그 사이 불안

이 커져 말하지 못하는 아동이라도 서서히 익숙해져서 말할 수 있게 되는 경우는 선택적 함묵증에 해당하지 않습니다.

④ 별도의 모국어가 있는 것과는 관련 없다

국적을 불문하고 문화적·언어적으로 다양한 배경을 가진 아동이 가정에서는 모국어인 외국어로 말하지만 한국어에 익숙하지 않은 탓에 유치원이나 학교에서 말하지 못하는 경우는 선택적 함묵증에 해당하지 않습니다. 이때는 한국어 교육 등 다양한 지원이 필요합니다.

⑤ 유창성장애 또는 자폐성장애 등 그 밖의 장애가 주된 요인은 아니다

유창성장애 아동 중에는 말을 더듬는 것이 싫어서 사람들 앞에서 말하지 않으려는 아동이 있습니다. 또한 자폐성장애 아동들에게서 볼 수 있는 고집의 하나로 특정한 상황(유치원이나 학교)에서 말하지 않는 아동도 있습니다. 의학적 진단 기준에 의해 이러한 아동들은 유창성장애나 자폐성장애로 진단이 이루어집니다. 그러나 이러한 아동들도 특정 상황에서 말할 수 없게 되는 선택적 함묵증의 증상을 가지고 있다고 할 수 있습니다. 저는 이러한 아동들을 유창성장애를 함께 가지고 있는 선택적 함묵증 아동, 자폐성장애를 함께 가지고 있는 선택적 함묵증 아동이라는 식으로 이해하고 싶습니다. 이러한 동반이환*에 대해서는 제2장에서 다시 한번 다루겠습니다.

---

* 한 개인이 두 가지 이상의 질병이나 장애를 동시에 가지고 있는 상태

3. 선택적 함묵증에 대한 오해 바로잡기

유치원이나 학교에서 선택적 함묵증을 나타내는 아동이 있어도, 조기 발견이 안 되거나 시간이 걸리는 경우가 있습니다. 그 이유 중 하나는 담임교사나 보호자가 선택적 함묵증을 잘못 이해하거나 오해하기 때문입니다. 지금까지 제가 담임교사나 보호자와 이야기를 나누면서 마주했던 주된 '오해'는 네 가지가 있습니다. 이러한 오해나 잘못된 이해는 조기 발견을 저해할 뿐만 아니라 잘못된 대응으로 이어져 선택적 함묵증 아동들의 상황을 점점 더 어렵게 만듭니다.

① '그저 얌전한 아동'이라고 생각하고 만다

선택적 함묵증 아동은 수업 중에 잡담하거나 소란을 피우는 일이 없고, 숙제도 제대로 해 오는 경우가 많아서 별다른 문제 없이 '그저 얌전한 아동'으로 보이는 경우가 종종 있습니다. 선택적 함묵증 아동이 재학 중인 유치원·초등학교·중학교의 교사를 대상으로 한 저희의 연구(Matsushita et al., 2020)에서도 '선택적 함묵증 아동 지원 시의 어려움'으로 '말하지 않을 뿐 할 수 있는 것이 많아서 지원을 필요로 하는 문제라고 인식하고 있지 않다'라는 응답이 가장 많았습니다(* 이 조사에서는 '선택적 함묵증'이라는 용어를 사용).

물론 선택적 함묵증 아동 중에는 성격적으로 '얌전한' 아동도 있습니다. 그러나 모든 선택적 함묵증 아동의 성격이 '얌전한' 것은 아닙니다. 많은 아동이 가정에서 얌전하지 않으며 이웃에 사는 소꿉친구와는 활발하게 노는 아동도 있습니다.

중요한 것은 얌전한지 아닌지가 아니라, 말을 하지 못해 유치원이나 학교에서 많은 '어려움'을 겪는다는 점입니다. '어려운 상황'에서는 불안이나 긴장이 높아집니다. 그래서 이러한 '어려움'이나 불안 또는 긴장을 해소하지 않으면, 유치원이나 학교는 즐겁지 않고 괴로운 상황이 되어 버립니다.

② '반항적인 아동'이라고 치부해 버린다

담임교사가 아동이 좋아할 것이라고 생각하고 말을 걸어도 선택적 함묵증 아동은 대답할 수 없을 뿐만 아니라 표정도 변하지 않습니다. 이 때문에 교사는 선택적 함묵증 아동에게 '반항적인 아동'이라는 인상을 받을 수 있습니다. 제2장에서 소개하는 것처럼 선택적 함묵증 아동은 말할 수 없을 뿐만 아니라 마음 상태가 표정에 드러나지 않는 경우도 많습니다. 반항적으로 보이는 것은 이러한 '감정표출 억제' 때문일 뿐, 문자 그대로 반항적인 것은 아닙니다.

③ '내버려 두면 낫는다'며 안일하게 여긴다

물론 선택적 함묵증이 있는 사람 중 특별한 전문적인 치료를 받지 않아도 자기 힘으로 말할 수 있게 되는 경우가 있는 것도 사실입니다. '선택적 함묵증에 대한 이야기를 듣고 싶다'라며 그동안 몇 명인가가 저의 연구실을 찾아왔습니다. 그중 한 명은 연구실에서 저와 대화하면서 '중학생 때까지는 학교에서 말을 할 수 없었지만, 고등학교에 들어가면서 말할 수 있게 되었다'며 말문을 열었습니다. 연구실에서 저와 평범하게 대화하는 이 사람이 과거에 선택적 함묵증이었다는 사실에 놀랐습니다. 게다가 특별한 전문적인 치료는 받지 않았고 자신의 힘으로 말할 수 있도록 노력했다고 이야기했습니다. 매일 조금이라도 말하는 것을 목표로 했고, 조금이라도 말할 수 있게 되면 스스로를 칭찬했다고 했습니다. 다른 한 명은 '자신이 학교에서 말하지 못하는 것을 아는 사람이 없는 고등학교(지하철로 2시간이 걸리는 먼 고등학교)를 선택하여 입학했고, 그곳에서 말할 수 있게 되었다'고 했습니다.

이 두 사람처럼 자력으로 말할 수 있게 되는 사람도 있지만, '초등학생이 되면 말할 것이다', '중학생이 되면 말할 수 있게 될 것이다', '아는 사람이 아무도 없는 고등학교에 입학하면 말할 수 있게 될 것이다'라고 생각해도, 결과적으로 말하지 못하는 상태가 지속되는 사람도 적지 않습니다.

또한 자력으로 말할 수 있게 되었다고 해도 그때까지 그 사람이 유치원이나 학교에서 '어려움'을 겪은 것은 사실이므로 이 경험을 해소하는 지원이 있어야 합니다.

④ '심리적 외상 경험과 같은 사건'을 원인으로 생각해 버린다

심리적 외상 경험과 같은 사건을 계기로 선택적 함묵증이 시작되기도 합니다. 초등학교에 갓 입학했을 무렵에 골절상을 입어 2주간 입원한 것을 계기로, 그 이후 학교에서 말할 수 없게 된 아동, 집단 따돌림의 대상이 된 것을 계기로 선택적 함묵증이 시작되었다는 아동도 있습니다.

그러나 이러한 큰 사건이 없고 특별한 원인이 될 만한 사건이 없음에도 불구하고, 유치원이나 초등학교 입학 후에 또는 도중에 선택적 함묵증이 시작되는 사람도 많이 있습니다.

4. 조기 발견이 중요하다

조기 발견은 어디서 누가 할까

선택적 함묵증을 나타내는 아동을 조기에 발견하는 것이 어려운 일은 아닙니다. 조기라고 해도 유치원이나 어린이집에 입학하여 집단생활이 시작되거나 자녀양육지원센터(한국의 육아종합지원센터) 등에서 다른 아동이나 성인과 관계 맺을 기회를 얻게 된 시기 이후가 됩니다.

기본적인 조기 발견 방법은 두 단계로 간단합니다.

> ① 유치원이나 학교에서의 발화 상황을 행동 관찰하고, 다양한 상황에서 말할 수 없다는 것을 확인한다.
> ② 가정에서의 발화 상황을 보호자로부터 듣고, 가정에서 평범하게 말하고 있는 것을 확인한다.

즉, 유치원이나 학교에서 말하지 않는 아동을 확인하고 그 아동이 가정에서 말하는지 여부를 보호자에게 물어보면 됩니다. 만약 아동이 가정에서는 말하고 있다면 선택적 함묵증일 가능성이 큽니다. 그래서 유치원 교사 또는 학교 교사는 조기 발견에 중요한 역할을 담당하고 있습니다.

저의 지인인 유치원 교사가 3세 반 담임교사가 되고 얼마 지나지 않아 상담하러 왔습니다. '입학하고 나서 아직 한마디도 하지 않은 아동이 있다. 신변자립과 지시 이해는 가능하다. 동료 교사에게도 상담했지만 잘 모르겠다'는 것이었습니다. 곧바로 보호자를 통해 확인했더니, 가정에서는 말하고 있는 것을 알게 되었습니다. 그래서 그 교사에게 선택적 함묵증의 정의와 유치원에서 배려해야 하는 사항을 설명하고, 보호자에게는 가능하면 교육상담 전문기관을 추천해 드리는 것이 어떻겠냐고 조언하였습니다.

유치원이나 학교로부터 선택적 함묵증이 의심되는 아동에 대한 순회상담 의뢰가 오면, 저는 보육 관찰, 수업 참관, 담임교사와의 면담, 그리고 보호자와의 면담이 가능하도록 요청하고 있습니다. 보호자와의 면담 시에는 담임교사나 원장교사, 특별지원교육 코디네이터 교사 등도 동석하도록 하고, 유치원·학교와 가정에서의 모습을 관계자가 공통으로 이해하도록 지원합니다. 이것은 매우 중요한 사항으로 이렇게 함으로써 유치원·학교와 가정에서의 대화 상태 차이가 단번에 명확해집니다.

조기 발견 사례 세 가지

여기서는 선택적 함묵증을 조금 늦게 발견한 세 사람의 사례를 소개하겠습니다. 바꾸어 말하면 더 빨리 발견할 수 있었다는 이야기입니다. 독자 여러분은 각 사례에서 어떻게 하면 좀 더 빨리 선택적 함묵증을 알아챌 수 있었을지 생각해 주셨으면 합니다. 이를 통해 확실하게 선택적 함묵증 아동을 조기 발견하고, 대응도 신속하게 할 수 있게 될 것입니다.

① 수업 참관을 계기로 선택적 함묵증을 알게 된 수미

수미의 어머니는 초등학교 2학년 수업 참관을 계기로 상담을 시작했습니다. 참관일의 수업은 국어였습니다. 내용은 지난 수업에서 쓴 글을 한 사람씩 나와서 모두의 앞에서 읽는 것이었습니다. 수미는 앞에 나오기는 했지만 글을 읽지 못하고, 어깨와 목이 부자연스럽게 움직여 결국 다음 아동의 순서로 넘어갔습니다. 그 모습을 본 어머니는 가정에서는 평범하게 말하고 있는 아동이 학교에서 말하지 못한다는 것에 놀랐고, 다음 날 담임교사와의 상담을 통해 학교에서 아동이 어떤 모습인지 듣게 되었습니다.

상담 결과, 초등학교에 입학한 후에는 담임교사가 가까이에서 말하면 겨우 들을 수 있는 목소리로 대답했었는데, 2학년이 되면서 담임교사나 반 친구와 거의 말하지 않게 되었다는 것을 알았습니다. 수미는 그 후부터 교육센터에 내담하게 되었습니다.

수미의 이후 상담 경과는 논문(園山, 1992)에 정리되어 있습니다.

② 대학 공개강좌가 계기가 되어 선택적 함묵증을 알게 된 도윤이

도윤이의 경우는 초등학교 특별지원교육 코디네이터 교사가 여름방학에 열린 대학 공개강좌에서 저의 선택적 함묵증에 관한 강의를 들은 것이 계기였습니다. 강의가 끝나자, 그 교사가 저에게 찾아와서는 "올해 입학한 1학년인데 입학식에서 '네'라고 대답한 것 외에는 학교에서 계속 말하지 않는 학생이 있습니다. 선택적 함묵증일까요?"라고 질문하였습니다.

저는 "우선 보호자에게 가정에서의 모습, 특히 말하고 있는지를 확인해 주세요. 만약 가정에서는 말하고 있다면, 선택적 함묵증일 가능성이 높습니다. 보호자가 희망하시면 대학의 교육상담에 오는 것도 가능합니다. 그 경우에는 담임교사와 코디네이터 교사도 함께 교육상담에 오는 것이 좋습니다."라고 조언하였습니다.

코디네이터 교사가 확인한 결과, 가정에서는 평범하게 말한다는 것을 알게 되었고, 보호자도 교육상담을 희망하여 여름방학이 끝날 무렵부터 상담을 시작하였습니다. 담임교사와 코디네이터 교사는 교장 선생님에게 이러한 사정을 설명하였고, 대학의 교육상담실에 어머니와 동행하는 것에 교장 선생님도 적극 찬성하셨습니다.

도윤이의 이후 상담 경과는 논문(園山, 2017)에 정리되어 있습니다.

③ 3세 아동 건강진단 사후지도 교실에서 선택적 함묵증을 알게 된 하준이

하준이는 3세 아동 건강진단(3-year-old health check-up) 시에 말을 한마디도 하지 못했습니다. 하지만 그 밖의 발육이나 발달은 순조로운 것 같았습니다. 말을 하지 못했기 때문에 수차례에 걸쳐 개별상담을 한 후에 4세가 지나 두 달에 한 번 정도 보건센터의 사후지도 교실에 다니게 되었습니다. 이 사후지도(follow-up) 교실의 담당자가 제게 물었습니다.

"사후지도 교실에서 지금까지 반년 정도 두세 명의 아동을 대상으로 소그룹 지도를 하고 있는데, 하준이만 잘되지 않고 있어요. 이 아동은 제가 질문을 해도 대답하지 않고, 때로는 울어 버리기도 해요. 그래도 목소리를 내서 대답할 필요가 없는 지시 등에는 잘 따라요. 지도 방법을 바꿔야 할 것 같은데, 어떻게 하면 좋을지 모르겠어요."라는 것이었습니다.

이 담당자는 말로 대답하기 어려워하는 모습을 보고 언어발달 지연이 아닐까, 아동이 담당자나 다른 아동에게 다가가 관계 맺는 일이 적기 때문에 자폐성장애의 경향도 있는 게 아닐까 하는 가능성을 염두에 두고 지도해 왔지만, 지금까지 보아 온 아동들과는 반응이 달라서 자신의 견해가 잘못되었을 수도 있다는 생각이 들어 상담에 왔다고 했습니다.

저는 "보호자에게 가정에서의 모습을 물어볼 것, 특히 가정에서 말하는지를 확인할 것", 그리고 "보호자를 통해서 유치원에서의 모습을 물어보고, 특히 유치원에서 말하는지를 확인하는 것이 좋겠지요."라고 조언하였습니다.

담당자가 확인한 결과, 가정에서 가족끼리만 있으면 평범하게 말한다는 것, 유치원에서는 입학식에서 대답은 할 수 있었다는 것, 그 후에는 가끔 겨우 알아들을 수 있는 작은 목소리로 대답하기는 하지만 담임교사나 같은 반 아동과 이야기하는 일은 거의 없다는 것, 또 유치원에서 어떻게 하면 좋을지 모를 때는 우는 경우가 있다는 것을 알게 되었습니다. 이러한 정보를 근거로 저와 담당자는 이 아동을 선택적 함묵증으로 이해하기로 하였습니다. 그리고 보호자도 희망하여 대학의 교육상담실에 오게 되었습니다.

교육상담 1회 차에는 담당자, 담당 보건사를 하준이, 어머니와 마주치지 않고 관찰실로 오게 하여 함께 놀이치료실에 있는 하준이의 모습을 보는 기회를 만들었습니다. 처음 30분 동안은 하준이와 어머니 둘이서만 놀게 하였습니다. 놀이치료실에 들어와 1분도 채 지나지 않아 하준이는 트램펄린과 짐볼에서 환호성을 지르며 활발하게 엄마와 놀기 시작했습니다. 담당자와 담당 보건사는 그 모습을 보고 "이렇게 활발한 모습은 처음 봤어요! 이렇게 말할 수 있다고는 생각하지 못했어요!"라며 놀라워했습니다.

하준이의 이후 상담 과정은 논문(趙·河内山·園山, 2019; 宮本他, 2021)에 정리되어 있습니다.

5. 조기 발견과 담임교사의 역할

선택적 함묵증의 조기 발견 방법은 매우 간단합니다. 유치원이나 학교에서의 행동을 관찰하고, 가정에서의 상황을 보호자로부터 청취하는 것입니다. 그러나 안타깝게도 이러한 방법을 뒤로 미루거나 놓치는 것이 현실입니다. 세 사람의 사례와 같이 담임교사가 선택적 함묵증을 모르고 있다면, 단지 유치원이나 학교에서 말하지 않을 뿐 가정에서는 말하고 있으니까 문제없다거나 그저 얌전한 아이라고 생각하여 선택적 함묵증을 조기에 발견할 수 없게 됩니다. 따라서 아동이 학교에서 말하지 못하는 것 혹은 이 아동의 목소리를 들어 본 적이 없다는 것을 담임교사가 인식하고 보호자 면담으로 연결하는 것이 중요합니다.

'학교에서 말하지 않거나, 말하더라도 목소리가 매우 작아서 사람들 앞에서 발표나 책 읽기를 하지 못하는 어려움이 있고, 말할 수 있는 반 친구가 두세 명밖에 없다' 하는 아동이 있으면, 담임교사는 망설이지 말고 가정에서의 모습을 확인해야 합니다. 가정에서는 잘 말하고 있다면, 특별지원교육 코디네이터 교사*나 학년 부장, 원장 선생님, 교장 선생님 등에게 상담해 주세요. 그리고 제3장과 제4장을 참고하여 실태 파악을 함으로써, 안심감을 높이고 활동 및 수업 참여도를 증진할 수 있는 대응을 시작하시기 바랍니다. 이때 순회상담이나 교육상담 등 전문가의 연계 협력을 얻을 수 있다면, 선생님들도 든든할 것이고 자신감을 가지고 대응할 수 있을 것입니다.

---

* 일본 학교에서 장애 학생의 교육 지원을 총괄하는 교사. 개별 학생의 필요를 파악하고, 교직원, 학부모, 외부 기관과 협력하여 맞춤형 지원 계획을 수립하고 실행을 조율한다.

'선택적 함묵증(場面緘黙)'을 둘러싼 용어 문제

일본어판 원서에서는 '상황함묵(場面緘黙)'이라는 용어를 사용하고 있습니다. 이전에는 영어 'selective mutism'을 직역한 '선택적 함묵증(選択性緘黙)'을 사용했지만, 현재는 '상황함묵'이라고 통일하고 있습니다. 그 이유는 이 책의 15~16쪽에 기술한 대로입니다.

반면에 칼럼 07과 같이 문부과학성과 관계된 통지 및 문서에서는 '선택적 함묵증'이 사용되는 경우가 많은 것 같습니다.

'선택적'이 사용되는 이유는 DSM-5의 일본어판에서 '선택적 함묵증'으로 번역되어 있고, ICD-10에서도 '선택적 함묵증'으로 번역되었기 때문이라고 생각합니다. 개정판 ICD-11 일본어판에서는 '선택적 함묵증'을 대신하여 '장면함묵'이 사용되고 있는 것 같은데, 문부과학성과 관계된 용어가 변경될지는 알 수 없습니다.

외국어 전문용어를 번역하는 일은 어렵습니다. 'selective'를 '선택적'이라고 번역하면 말하지 않는 것을 의도적으로 '선택'하고 있다고 오해를 살 우려가 있습니다. 한편, '장면'이라고 번역하면 본래 의미에 가깝지만 36~38쪽에서 설명하는 'selective'에서 멀어져 버리고 'selective'의 뉘앙스가 잘 전달되지 않습니다. 이처럼 전문용어를 어떻게 번역하여 나타내고 전달할지는 그 용어의 본질을 이해하는 것과 관계되는 일이기 때문에 매우 중요합니다.

저는 영어 전문용어 중 몇 가지를 처음으로 일본어로 번역한 적이 있습니다. 행동장애 개선 전략의 한 가지인 'environmental enrichment'를 '환경부양화법'*이라고 번역하였습니다. 이는 본질을 나타내는 좋은 번역이라고 생각합니다.

선택적 함묵증 발병 연령

선택적 함묵증의 발병 연령은 대개 5세 미만이 많습니다만(미국정신의학회, 2014), 그 이후 연령에서 발병하기도 합니다.

선택적 함묵증 경험자 13명의 발병 연령을 조사한 연구(園山, 2009)에서는 발병 연령의 평균이 5.7세였고, 11명은 5세 이전에 발병하였지만, 13세경 과 15세경에 발병한 경우도 각각 1명씩 있었습니다.

이 조사연구에서는 또 하나 주목할 만한 매우 흥미로운 결과가 있었습 니다. 그것은 자신이 '선택적 함묵증' 증상이 있다는 것을 인식한 연령입니 다. 다음 그림을 봐 주시기 바랍니다.

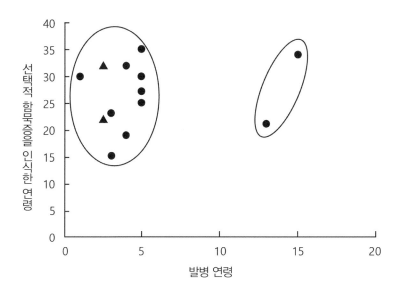

　　가로축은 발병 연령(자신의 기억하는 연령 또는 보호자가 알려 준 연령)입니다. 세로축
은 자신의 증상이 선택적 함묵증이라고 불린다는 것을 알게 된 연령입니
다. 가장 시간이 오래 걸린 사람은 5세에 발병하여 35세경에 자신의 증상
이 선택적 함묵증이라는 것을 알게 된 사람이었습니다. 선택적 함묵증에
관한 정보가 많아진 오늘날은 조금은 다를 수 있지만, 자신의 증상을 이해
하지 못해 고민하는 사람도 많으리라고 미루어 짐작됩니다.

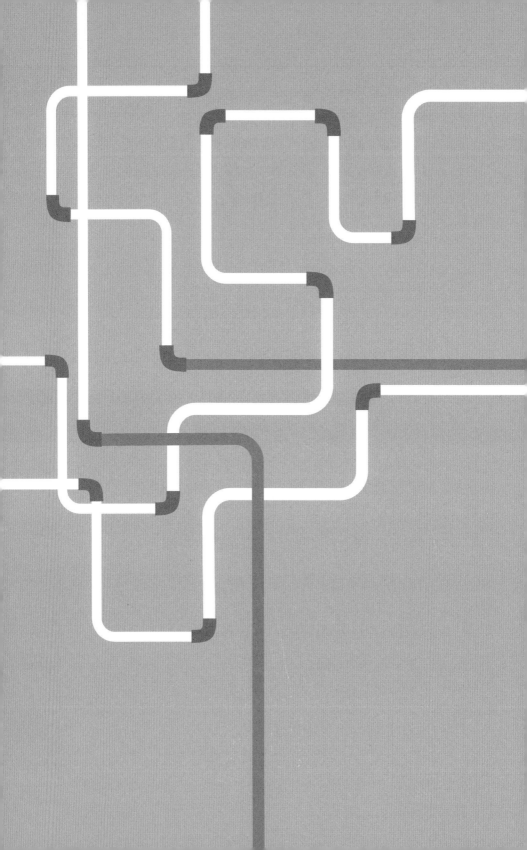

제2장

선택적 함묵증과
상태상의 다양성

1. 선택적 함묵증의 다양한 증상

선택적 함묵증 아동의 주요 증상은 '어떤 상황(가정·가족 등)에서는 목소리를 내서 말할 수 있어도, 어떤 특정 상황(유치원·학교·교사·급우 등)에서는 목소리가 나오지 않아서 말할 수 없게 된다'라는 것입니다. 그러나 잘 들어 보면 '목소리를 내서 말할 수 있는' 어떤 상황(가정·가족 등)은 아동마다 다양하고, '목소리가 나오지 않아서 말할 수 없게 되는' 어떤 특정 상황(유치원·학교·교사·급우 등)도 아동에 따라 여러 가지로 다른 것을 알 수 있습니다.

예를 들어, 가정에서 함께 사는 가족과는 말할 수 있지만, 한 달에 한 번 정도 찾아오는 친척이 집에 오자마자 말을 못하고, 먼 곳에 살아서 1년에 한 번 정도밖에 만나지 않는 친척과는 평소처럼 말할 수 있는 아동도 있습니다. 가정에서 가족하고만 있어도 현관 밖에 같은 반 친구의 모습이 보이자마자 말할 수 없게 되는 아동도 있습니다.

유치원이나 학교에서 교사와는 말할 수 없어도, 가까이 사는 소꿉친구인 반 친구와는 학교 안에서 둘만 있으면 작은 목소리로 말하는 아동도 있습니다. 한편 학교에 가기 위해 집에서 나온 순간부터 집에 돌아올 때까지 전혀 말할 수 없는 아동도 있습니다. 또, 수업 중에는 말할 수 없어도 쉬는 시간에는 반 친구와 목소리를 내서 즐겁게 노는 아동도 있고, 놀고 싶은 마음은 있어도 쉬는 시간을 혼자서 보내는 아동도 있습니다.

이러한 모습에서 알 수 있는 것은, 선택적 함묵증 아동에게서 '어떤 상황 (가정 · 학교 · 교사 · 반 친구 등)에서는 목소리가 나오지 않아 말할 수 없게 된다'는 주요 증상은 반드시 볼 수 있지만, 한 명 한 명의 모습은 다르다는 것입니다. 각각의 아동을 제대로 이해하기 위해서는 제3장에서 소개하는 실태 파악이 중요합니다.

선택적 함묵증 아동에게 어떤 배려가 이루어지는지에 따라 유치원이나 학교에서 아동의 모습은 완전히 달라집니다. 선택적 함묵증 아동의 상태가 다양한 이유는 여러 가지 요인이 관계되기 때문이니, 먼저 그 요인들에 대해 생각해 봅시다.

2. 발화 상황은 '사소한 일'이 좌우한다

앞에서 소개한 선택적 함묵증의 다양성 예시에서 '사소한 일'이 계기가 되어 말할 수 있거나 말할 수 없게 되는 것을 알았을 것입니다. 예를 들어, 가정에서 가족과 함께 있을 때에도 친척이 오면 갑자기 말할 수 없게 되는 경우가 있습니다. 이 경우는 '친척이 온' 것이 '사소한 일'입니다. 즉, 가정에서 가족하고'만' 있으면 말할 수 있어도, 가족 이외의 사람이 단 한 명 있는 것'만'으로도 말할 수 없게 되는 것입니다. '선택적 함묵증 아동'이라는 한마디로 아동을 이해하는 것이 아니라, '어떠할 때 말을 하는가', '어떠할 때 말할 수 없는가'를 자세히 보고, 듣고, 파악해 가는 것이 중요합니다.

'selective'의 의미

여기서 선택적 함묵증이 영어로 'selective mutism'이라고 표기되는 것에 대한 의미를 생각해 봅시다. 'mutism'은 '목소리를 낼 수 없는' 상태를 나타냅니다. 그럼 'selective'는 무엇을 의미할까요? 심리학 전문용어에 '선택적 주의(selective attention)'가 있습니다. 여기서도 'selective'라는 영어가 사용됩니다. 우리의 일상에는 많은 자극이 있지만, 우리는 필요에 따라 또는 특별히 의식하지 않고 특정 자극에 주의를 기울입니다. 예를 들어, 수업 중에는 선생님의 목소리나 칠판의 글자에 주의를 기울입니다. 하지만 그 밖에도 교실 밖의 소리나 빛, 반 친구의 소곤대는 목소리, 또는 형광등이 '징~' 울리는 소리도 있습니다. 만약 그러한 모든 자극에 주의를 기울이게 되면 수업에 집중하지 못해 공부도 할 수 없을 것입니다. 그렇지만 우리는 필요한 자극(선생님의 목소리나 칠판 등)에 주의를 기울일 수 있습니다. 특정 자극에 주의가 향하는 것을 '선택적 주의'라고 합니다.

선택적 함묵증 아동들은 '학교라는 자극, 교실이라는 자극, 선생님이나 반 친구라는 자극에 선택적으로 주의가 향하게 되어, 자신의 목소리가 억제되는 상태'라고 생각할 수 있습니다. 그러니까 그 아동이 어떠한 자극(사소한 것)에 영향을 받는지를 알아 두는 것, 이것이 실태 파악의 중요한 포인트입니다.

발화 상황이 'selective'로 바뀌는 예

다음으로 소개할 것은 '사소한 일'로 인해 말할 수 없게 되는 'selective'의 예입니다. 특히 보호자 분들이 이러한 경험을 많이 하고 계시리라 생각합니다.

> 유치원 4~5세 반의 승원이는 집 근처 공원에서 소꿉친구 주훈이와 미끄럼틀에서 환호성을 지르며 사이좋게 놀고 있었습니다. 거기에 우연히 같은 반 친구가 온 순간(정확히는 남자아이의 모습이 보이자마자) 목소리가 나오지 않게 되어 조용히 미끄럼틀을 탔습니다. 나중에 같은 반 친구는 공원에서 놀지 않고 다른 곳으로 갔고, 그 친구의 모습이 보이지 않게 되자 승원이는 다시 환호성을 지르며 놀기 시작했습니다.

이 예는 소꿉친구인 주훈이와는 말할 수 있었는데 같은 반 친구의 모습이 보였다는 '사소한 일'로 인해 승원이가 말할 수 없게 되었다는 것을 말해 줍니다.

제5장의 '사례 4'에서 소개한 것처럼 저는 최근 상담에서 보호자나 담임교사에게 가정이나 학교에서 아동이 말할 수 있었던 상황이나 반대로 말하지 못한 상황을 관찰하게 되면, 즉시 구체적으로 기록해 달라고 요청합니다. 그리고 상담에 오셨을 때 또는 순회상담 시에 그 기록을 다시 함께 읽습니다. 그러면 아동이 말할 수 없게 되는 상황과 말할 수 있는 상황 모두를 정확하게 파악할 수 있고, 심지어 말할 수 있는 장소나 사람, 상황이 조금씩 늘어나는 추세임을 알 수 있습니다. 꼭 함께 기록을 읽어 봅시다. 말을 할 수 있거나 말을 할 수 없게 되는 것과 관련된 '사소한 일'을 놓치지

말고 기록해서 정확하게 아는 것이 중요합니다. 이러한 정보는 제5장에서 소개하는 '말할 수 있게 되기 위한 대응 방법'으로 연결됩니다.

3. 수반 증상이 있는 아동과 없는 아동

선택적 함묵증과 더불어 다른 증상을 보이는 아동이 있습니다. 우선, 이러한 수반 증상으로 비교적 자주 보이는 '감정표출의 억제'와 '행동의 억제'를 다루겠습니다. 그리고 어떠한 대응이 필요한 '그 밖의 어려움'과 경우에 따라서는 '등교 거부'나 '집단 따돌림 대상이 되는' 경우도 함께 다루겠습니다.

다만 이러한 수반 증상의 유무나 정도는 아동에 따라 다르며, 때로는 수반 증상이 없는 아동도 있습니다.

감정표출의 억제(즐거워도 슬퍼도 표정이나 목소리로 드러낼 수 없다)

우리는 즐거울 때는 자연스럽게 웃음소리를 내거나 즐거운 표정을 짓습니다. 슬플 때는 자연스럽게 눈물이 나거나 '훌쩍훌쩍' 울음소리를 내기도 합니다. 그런데 선택적 함묵증 아동 중에는 마음이 즐겁거나 슬퍼도 표정이나 목소리에 드러나지 않는 아동이 있습니다. 저는 이 상태를 '감정표출의 억제'라고 부릅니다. 그러나 무표정한 아동도 마음은 움직이고 있습니다. 즐겁거나 슬픈 감정을 느끼고 있어도 표정이나 목소리가 바뀌지 않기 때문에 주위 사람들이 알아차리지 못할 뿐입니다.

저는 교사들에게 조언할 때 '마음은 움직이고 있다'는 것을 강조합니다.

왜냐하면 제4장에서 소개하는 바와 같이 학교에서 안심하고 지낼 수 있기 위해서는 담임교사와의 신뢰 관계가 매우 중요하기 때문입니다. 이 신뢰 관계를 라포(rapport)라고 합니다. 라포를 형성하기 위해서는 그 아동이 '어떠할 때 즐겁게 느끼고 어떠할 때 슬프게 느끼는지, 어떤 것을 좋아하고 어떤 것을 싫어하는지'를 교사가 알아야 합니다. 선택적 함묵증 아동의 '마음의 움직임'을 아는 요령은 제4장에서 소개하겠지만, 한마디로 말하면 '아동을 잘 보고, 그 아동의 마음의 움직임을 아는 것'입니다. 마음은 보이지 않습니다. 하지만 약간의 표정 변화, 작은 동작이나 몸짓, 구어 이외의 의사소통 수단을 통해 아동의 심리상태를 짐작할 수 있습니다.

행동의 억제(걷고 싶어도 다리가 안 움직이거나 젓가락을 들고 싶어도 손이나 손가락이 안 움직인다)

한 중학생은 선택적 함묵증이 있어 학교에서는 전혀 목소리가 나오지 않았습니다. 그 학생은 학교에서 가끔 걸을 수 없게 되는, 즉 이동이 필요할 때 다리가 움직이지 않게 되어 버리는 일도 있었습니다. 예를 들어, 교실에서 가정실습실이나 음악실로 이동할 때 또는 체육수업에서 준비체조를 한 후 반별로 지정된 장소로 이동할 때 발을 움직이려고 해도 움직이지 않는 것입니다. 이때 반 친구가 다정하게 말을 걸어 함께 이동해 주면 걸을 수 있었습니다.

한 초등학생은 통급에 의한 지도를 받기 위해 이동할 때, 평범하게 걸으면 3분이면 갈 수 있는 통급지도교실(通級指導教室)에 15분 정도 걸려서 도착했습니다.* 걷는 속도가 느리고 가끔 멈춰 있었던 것입니다. 그런데 체육수업의 오래달리기에서는 꼴찌였지만 끝까지 완주할 수 있었습니다. 글씨 쓰기나 그 밖의 활동도 대체로 적절한 속도로 할 수 있었습니다. 교실로 이동하는 느린 걸음만이 눈에 띄었습니다.

또한 급식 시간에 젓가락이나 숟가락을 들지 못하고, 연필을 들지 못하는 등 활동에 필요한 도구를 들거나 조작하지 못하는 아동도 있습니다.

이러한 행동의 억제를 가끔 '함동(緘動)'이라고 표현하는 경우가 있지만, '함동'이라는 단어는 일본어 사전에는 없고, 한자 본래의 의미에서도 적절한 표현이라고는 할 수 없습니다. '함묵(緘黙)'과 닮아 보이도록 '함동'이라고 표현하고 싶은 의도는 알겠습니다. 움직이려고 해도 '움직임이 멈춰 버려서' 움직일 수 없다, 혹은 자신의 의지로는 움직이려고 하는데 '움직임이 멈춰 버려서' 움직일 수 없다는 것을 '함동'이라는 단어로 나타내려고 의도한 것입니다. 저는 '억제'라는 단어를 사용합니다. 이 경우도 스스로의 의지로 억제하는 것이 아니라, 스스로의 의지에 반하여 '행동이 억제되어 버린다'는 것에 유의해야 합니다.

그 밖의 어려움

그 밖에 선택적 함묵증 아동 중에는 의아한 부분에서 어려움이 생기는 아동도 있습니다. 예를 들어, 교실에서 반 친구와 함께 급식을 먹을 수 없는 아동이 있습니다. 하지만 그 아동은 빈 교실에서 혼자서는 평범하게 급식을 먹을 수 있습니다. 또, 연필을 잡고 글씨는 쓸 수 있지만 글을 쓰지 못하거나, 크레용이나 붓을 잡을 수 있어도 그림은 그리지 못하는 아동도 있

---

* 혹은 통급에 의한 지도는 일본 교육 시스템의 하나이다. 특수교육이 필요한 학생이지만 일반학급에 재적하여 대부분의 수업을 일반학급에서 함께 받고, 일부 수업은 통급지도교실(通級指導教室)로 이동하여 추가 지도를 받는다.

습니다. 하지만 가정에서는 글을 쓰고 그림을 그립니다. 글이나 그림을 학교에 가지고 가는 것을 거부하고 선생님이나 반 친구들에게 보여 주려 하지 않을 뿐입니다.

그 밖에도 비슷한 어려움을 나타내는 선택적 함묵증 아동이 있을지도 모르지만, 왜 그런 상태가 되는지는 알 수 없습니다. '가정에서는 할 수 있는데 학교에서는 할 수 없게 된다'는 점에서는 선택적 함묵증의 주요 증상이나 감정표출의 억제, 행동의 억제와 동일한 메커니즘으로 설명할 수 있을지도 모릅니다.

등교 거부*와 집단 따돌림

선택적 함묵증 아동이 등교를 거부하거나 집단 따돌림(이지메)의 대상이 되는 경우가 있습니다. 이는 선택적 함묵증과 직접 관련된 것이 아니라 적절한 배려가 이루어지지 않을 때 생길 수 있는 이차적인 문제입니다.

등교 거부에는 다양한 요인이 관련되는 것으로 알려져 있습니다. 예를 들어, 문부과학성의 '2019년도 아동 및 학생의 문제행동·등교 거부 등 학생지도상의 여러 가지 과제에 관한 조사 결과'(문부과학성, 2019. p. 83)에서는 '학교와 관련된 요인', '가정과 관련된 요인', '본인과 관련된 요인', '그 이외의 요인'이 복잡하게 얽혀 있는 것으로 나타났습니다. 다만, 등교 거부 아동 및 학생 중 선택적 함묵증 아동이 어느 정도의 비율인지는 밝혀지지 않았습니다.

그러나 학교에서 말할 수 없고 감정표출의 억제 또는 행동의 억제가 있

---

* 부등교(不登校)란, 일본의 문부과학성 조사에 따르면 심리적, 정서적, 신체적 또는 사회적 요인·배경으로 인해 등교하지 않거나 하고 싶어도 할 수 없는 상황에 놓여 있어, 연간 30일 이상 결석한 아동 중 질병이나 경제적인 이유에 의한 자를 제외한 것으로 정의됩니다. 한국어판에서는 이해를 돕기 위해 '등교 거부'로 표기했습니다.

는 상태에서 아무런 배려도 이루어지지 않는 상황이라면, 등교를 거부하는 마음이 이해될 수 있을 것입니다. 적어도 '화장실에 가고 싶어요', 'ㅇㅇ이/가 없어요', 'ㅇㅇ을/를 빌려주세요', 'ㅇㅇ을/를 하고 싶지 않아요' 등을 교사나 반 친구에게 전달하지 못하면, 매일 학교에서 '어려움'이 많이 생기게 됩니다. 대답할 수 없다, 책을 읽을 수 없다, 발표할 수 없다, 답을 말할 수 없다 등 학교에서 겪는 많은 '어려움'에서 어떠한 배려도 이루어지지 않는다면, 당연히 아동에게 학교는 즐겁지 않은 괴로운 상황이 가득한 장소가 되어 버립니다. 이러한 상태가 장기간 지속되면 학교에 갈 의욕이 없어져도 이상하지 않습니다. 그렇게 되지 않기 위해서는 합리적 배려(合理的配慮)가 필요합니다. 합리적 배려에 대해서는 제4장에서 자세하게 다루겠지만, 칼럼 08에서도 설명해 두었습니다(76쪽).

선택적 함묵증 아동은 학교에서 집단 따돌림을 당해도 그 사실을 담임교사에게 전달하지 못합니다. 제1장에서 소개한 수미는 한때 괴롭힘을 당했습니다. 구체적으로는 신발장의 신발이 없어져 버리는 등의 일이었습니다. 수미의 경우는 보호자가 눈치채고 학교에서의 상황을 물어 담임교사에게 그 사실을 전달했고, 담임교사의 신속한 대응으로 집단 따돌림은 곧바로 해결되었습니다.

등교 거부가 장기화되거나 가정 이외의 사회적 상황에서 즐거운 일을 경험할 기회가 없어져 버리면, 이차적인 장애로서 은둔형 외톨이(히키코모리) 상태가 되기도 합니다. 이를 예방하기 위해서는 등교 거부나 집단 따돌림에 대한 조기 대응이 반드시 필요합니다. 그리고 무엇보다도 등교 거부가 되지 않고 집단 따돌림을 당하지 않도록 합리적 배려를 하고 각각의 아동을 배려할 수 있는 학급경영이 중요합니다.

4. 동반하는 증상이 있는 아동과 없는 아동

선택적 함묵증의 다양성을 초래하는 요인의 하나로 동반이환의 유무가 있습니다. 동반이환이라는 것은 자폐성장애 아동에게 선택적 함묵증이 있는 경우, 지적장애 아동에게 선택적 함묵증이 있는 경우, 또는 유창성장애와 선택적 함묵증 둘 다 보이는 경우 등을 말합니다. 이처럼 선택적 함묵증과 다른 장애가 동시에 존재하는 경우를 '동반이환이 있다'고 합니다.

일본에서는 선택적 함묵증과 동반이환에 관한 연구가 거의 보고되지 않았습니다. 이 중 소아과 의사인 가네하라 요지는 병원에서 진찰한 아동의 동반이환 비율을 조사했습니다(久田他, 2016). 그 결과 대상이 된 선택적 함묵증 아동 190명 중 동반이환이 있다고 간주한 것은 자폐성장애(의심·경향 포함) 74명, 지적장애 20명, 등원 거부·등교 거부(경향 포함) 15명, ADHD 5명, LD 4명, 유뇨증·유분증 4명, 뇌전증 3명, 유창성장애 3명, 틱 장애 3명이었습니다.

동반이환이 있는 선택적 함묵증 아동을 이해하고 지원할 때는 양쪽의 장애 특성이 그 아동의 상태와 어떻게 관련되어 있는지를 중복장애의 관점에서 신중하게 확인해 가야 합니다.

한편, 선택적 함묵증을 나타내는 아동이 자폐성장애를 동반하는지에 대해서는 신중한 판단이 요구됩니다. 그 이유는 선택적 함묵증 아동이 의료기관에서 진찰받을 때, 의사나 간호사에게 말하지 못하거나 강한 불안과 감정표출의 억제 등을 나타낸 경우는 의사나 간호사, 동행한 보호자와 대인관계를 맺는 방법도 편향되었을 가능성이 있기 때문입니다. 따라서 진찰할 때 가정에서의 모습이나 성장 과정을 자세히 들어 보아야 합니다.

영국의 빈트겐스(Wintgens, 2017)는 선택적 함묵증 아동이 낯선 상황에서 말하지 못하고, 말을 걸어 와도 대답하지 못하고, 타인과의 관계 맺기가 나타나지 않는 등 자폐성장애로 오해될 수 있는 모습을 보이는 경우가 있으므로, 동반이환에 대해서는 신중하게 생각해야 한다고 설명합니다.

5. 선택적 함묵증은 얼마나 있을까

선택적 함묵증 및 상태상에 다양성이 있다는 사실을 고려할 때, 그렇다면 선택적 함묵증을 가진 아동은 얼마나 있는 걸까요? 학술적으로는 유병률이라고 합니다.

제1장에서 소개한 미국정신의학회 DSM-5®에는 선택적 함묵증의 유병률이 0.03~1%로 나타나 있습니다. 즉, '많아야 100명에 1명, 적어도 1만 명에 3명(약 3천 명에 1명)'입니다. 선택적 함묵증의 유병률에 대한 선행연구를 조사한 저희의 연구(趙·圍山, 2018)에서 해외 연구로는 12편의 논문이 있으며, 유병률은 0.02~1.87%였습니다. 연령에 따라 다르거나 연구마다 사용된 선택적 함묵증의 정의가 다른 경우도 있어, 유병률은 연구에 따라 다양했습니다. 그러나 연구 대부분에서 유병률 1% 미만이 많았고 특정 연령층에서 많이 나타난다는 것이 특징이었습니다.

마찬가지로 일본 연구에는 4편의 논문이 있으며, 학년에 따라 다르지만 각 논문에 나타난 평균치의 범위는 0.03~0.47%였습니다. 이 중 가장 최근의 조사 결과는 고베시 공립초등학교 전교생을 대상으로 조사한 0.15%였기 때문에(久田他, 2016) 대략 '670명에 1명'인 셈이 됩니다.

저희 연구팀에서도 DSM-5®의 진단 기준을 사용하여 선택적 함묵증 아동들이 유치원·초등학교·중학교에 어느 정도 재학하고 있는지를 조사하였습니다(Matsushita et al., 2019). 조사대상 유치원 및 학교 수, 학생 수는 적지만 유치원 911명 중 6명(0.66%), 초등학교 1만 4,654명 중 30명(0.20%), 중학교 5,670명 중 9명(0.16%), 전체 2만 1,235명 중 45명(0.21%)이 있었습니다. 따라서 대략 '500명에 1명'인 셈이 됩니다.

자폐성장애의 유병률(DSM-5®에서는 1%)과 비교하면 확실히 적습니다. 그러나 저희 연구팀에서는 선택적 함묵증 아동이 재학하고 있는 유치원이나 학교의 비율도 구해 보았습니다. 그 결과, 유치원은 14개원 중 4개원(28.6%), 초등학교는 44개교 중 18개교(40.9%), 중학교는 15개교 중 7개교(46.7%)에 선택적 함묵증 아동이 재학하고 있는 것을 알 수 있었습니다. 이는 약 30%의 유치원, 약 40%의 초등학교, 약 절반의 중학교에 선택적 함묵증 아동이 있다는 결과입니다. 따라서 저는 자폐성장애 등의 발달장애 아동과 비교하면 선택적 함묵증 아동이 적을지는 모르지만, 교사로 근무하면서 선택적 함묵증 아동이 있는 유치원이나 학교에서 근무할 가능성은 적지 않다고 생각합니다. 그러므로 모든 교사가 선택적 함묵증에 대하여 올바르게 이해하고 유치원이나 학교에서 지원을 할 수 있는 지식을 가졌으면 합니다.

또한 이들 연구에서는 선택적 함묵증 아동에 약간의 성비 차가 있다는 점을 확인할 수 있습니다. 남녀 성비에서 여자가 약간 높은 연구 결과를 많이 볼 수 있습니다. 예를 들어, 유병률(%) 비교에서 히사다 등(久田他, 2016)에서는 남아 0.11 대 여아 0.20, Matsushita 등(2019)에서는 남아 0.14 대 여아 0.29로 모두 남자보다 여자가 2배 정도 높은 경향을 보였습니다.

경험자가 들려주는 아동의 마음

도나 윌리엄스의 자서전(Williams, 1992)*이 출판되었을 때, 작가의 경험을 통해 자폐성장애인이 자극을 받아들이는 방법과 느낌, 사고방식 일부를 알 수 있었습니다. 이후 해외나 일본에서도 자폐성장애인의 에세이가 계속해서 출판되어 자폐성장애인에 대한 지원과 연구에 큰 영향을 미쳤습니다.

선택적 함묵증인 사람의 경험과 그것을 받아들이는 방법에 대해서도 선택적 함묵증을 경험한 사람의 에세이를 통해 그 일부를 알 수 있습니다. 개개인의 경험은 각기 다르지만 목소리가 나오지 않으면 어떤 일이 일어나는지, 그때 어떻게 생각하고 어떻게 대처하려고 했는지, 진짜로 원하는 게 무엇이었는지 등에 대한 이해를 높일 수 있습니다.

일본에서 선택적 함묵증을 경험한 사람이 자기의 경험을 에세이로 출판한 것은 4권 정도 있습니다(入江, 2020: モリナガ, 2017, 2020: らせん, 2015). 이 중 3권은 만화입니다.

이 책을 읽은 저는 '억울한 마음'을 느꼈습니다. 답을 알고 있지만 답을

---

* 일본어판 번역서 『자폐증이었던 나에게』를 말한다. 한국에서는 『도나, 세상을 향해 뛰어』(평단문화사, 2005)로 출간되었다.

말할 수 없어서 손을 들 수 없고, 반 친구에게 내가 답을 모른다고 여겨지기 때문입니다. 진정한 자신, 답을 알고 있는 나, 하고 싶은 말이 있지만 그걸 말로 꺼내지 못하는 나. 학교에서 매일 이런 답답함과 아쉬움을 겪는다는 것을 이해할 수 있었습니다.

이번 장에서는 '감정표출의 억제'나 '행동의 억제' 등 목소리를 내지 못하는 것 이외의 증상도 소개했습니다. 그러나 그럴 때 선택적 함묵증 아동이 어떤 생각을 하고 있는지는 저도 정확하게 설명할 수 없습니다. 하지만 당사자의 에세이를 읽음으로써 그 생각을 알고 여러 선택적 함묵증 아동의 생각을 짐작할 수 있습니다.

일본에서는 어떻게 지원·연구해 왔는가

일본에서 선택적 함묵증에 대한 지원·연구의 역사는 결코 최근에 시작된 것이 아닙니다. 적어도 65년의 역사, 어쩌면 더 긴 역사가 있습니다.

학술잡지에 게재된 논문을 CiNii Articles*에서 제목으로 검색하면, 1950년대 후반에 다음 세 편의 논문을 찾을 수 있습니다. 최초의 논문은 제가 태어난 1956년이기 때문에 65년 이상의 역사가 있습니다.

- 고토 타케시(1956), 「정서적 장애에서 기인한 함묵아에 대한 심리요법의 한 사례」, 오사카시립대학가정학부기요, 3(5), 59–63.**
- 우치야마 키쿠오(1957a), 「소아 함묵증에 관한 연구—제1보 발현 요인에 대하여」, 북관동의학, 9(4), 772–785.***
- 우치야마 키쿠오(1957b), 「소아 함묵증에 관한 연구—제2보 치료 방법에 대하

---

* 일본 국립정보학연구소(NII)에서 제공하는 학술 정보 데이터베이스. CiNii Articles는 학술지와 학회 논문을, CiNii Dissertations는 박사학위 논문을, CiNii Books는 대학 및 연구기관의 소장 도서를 제공한다 (https://cir.nii.ac.jp/).

** 後藤毅(1956). 情緒的障碍に因る緘黙児に対する心理療法の一事例. 大阪市立大学家政学部紀要, 3(5), 59–63.

*** 内 山喜久雄(1957a). 小児緘黙症に関する研究─第1 報 発現要因について. 北関東医学, 9(4), 772–785.

여』, 북관동의학, 9(4), 786-799.[*]

박사학위논문을 CiNii Dissertations에서 제목으로 검색하면, 다음 두 건이 검색됩니다.

- 우치야마 키쿠오(1959), 「소아 함묵증에 관한 연구』, 군마대학.[**]
- 아라키 후지오(1979), 「소아기에 발병하는 함묵증의 분류』, 규슈대학.[***]

시판되고 있는 도서를 CiNii Books에서 제목으로 검색하면, 가장 오래된 도서와 1년 차이로 다음 두 권이 검색됩니다.

- 쥬카메시로(1973), 『자폐증아 · 함묵아』, 여명책방.[****]
- 전국정서장애교육연구회 편(1974), 『함묵 · 고립아』, 일본문화과학사.[*****]

최근의 논문(中嶋·河合, 2021)에서는 1904(메이지 37)년 발행된 교육잡지 『시나노 교육회 잡지』에 초등학교에서 함묵 상태를 나타낸 아동에 대한 교원의 실천 보고가 게재되어 있습니다. 이 보고서에서는 '교장아(教場唖)'[******]라는 용어를 사용하고 있었습니다.

---

[*] 内 山喜久雄(1957b). 小児緘黙症に関する研究―第2 報 治療方法について. 北関東医学, 9(4), 786-799.

[**] 内 山喜久雄(1959). 「小児緘黙症に関する研究』. 群馬大学.

[***] 荒木富士夫(1979). 「小児期に発症する緘黙症の分類』. 九州大学.

[****] 十亀史郎(1973). 自閉症児・緘黙児. 黎明書房.

[*****] 全 国情緒障害教育研究会編(1974). 緘黙・孤立児. 日本文化科学社.

[******] '교장(教場)'은 '교실'을 뜻하고, '아(唖)'는 '말을 하지 못하는 상태'를 의미한다.

선택적 함묵증 지원·연구에 대한 나의 이야기

제가 처음 선택적 함묵증 아동을 지원한 것은 대학원생이었던 약 35년 전입니다. 장애 유아의 통합보육을 실천하는 유치원에서 주 1일 상담교사를 하던 중에 선택적 함묵증 형제를 만났습니다. 저는 이 형제를 위해 담임 선생님, 원장 선생님과 함께 여러 교육적 배려를 시도했고, 그 결과 두 아동 모두 유치원 2년째인 5세 반 도중부터 유치원에서 말할 수 있게 되었으며, 다른 원아와 같은 수준으로 활동에 참여할 수 있게 되었습니다. 이 교육적 배려 및 경과에 대해서는 일본보육학회 제41회 대회에서 발표하였습니다(長谷川他, 1988).

선택적 함묵증 연구에 본격적으로 임하게 된 계기는 2007년에 개최된 일본특수교육학회 제45회 대회 준비위원회 기획 심포지엄 '경험자가 말하는 함묵증의 지도체제를 둘러싼 일본의 실정'이었습니다(浜田他, 2008). 심포지엄 기획자인 하마다 타카테루(선택적 함묵증 경험자, 당시 '함묵회' 회장)로부터 지정 토론자가 되어 달라는 전화가 왔습니다. 얼굴 한번 본 적이 없었기에 처음에는 거절했지만 하마다 씨는 "특수교육학회에서 몇 년 동안이나 선택적 함묵증에 대한 연구발표가 없다는 게 이상하지 않나요? 연구자가 선택적 함묵증을 알지 못하기 때문이 아닙니까!"라며 한 시간 정도 전화로 설득했고, 어쩔 수 없이 수락하게 되었습니다. 그러나 심포지엄 당일에 선택적 함묵증 경험자, 보호자, 교사들의 이야기를 듣고 나니 선택적 함묵증에 대해 제가 알고 있던 것은 극히 일부이고 모르는 것이 훨씬 많았다는 것을 통감했습니다.

이 심포지엄을 계기로 선택적 함묵증 경험자 분과 유치원·학교 교사 분들의 협력을 얻어 조사연구를 진행했습니다. 그 결과, 그간 몰랐던 여러 실정과 과제가 드러나면서 선택적 함묵증은 저의 중요한 연구 테마가 되었습니다.

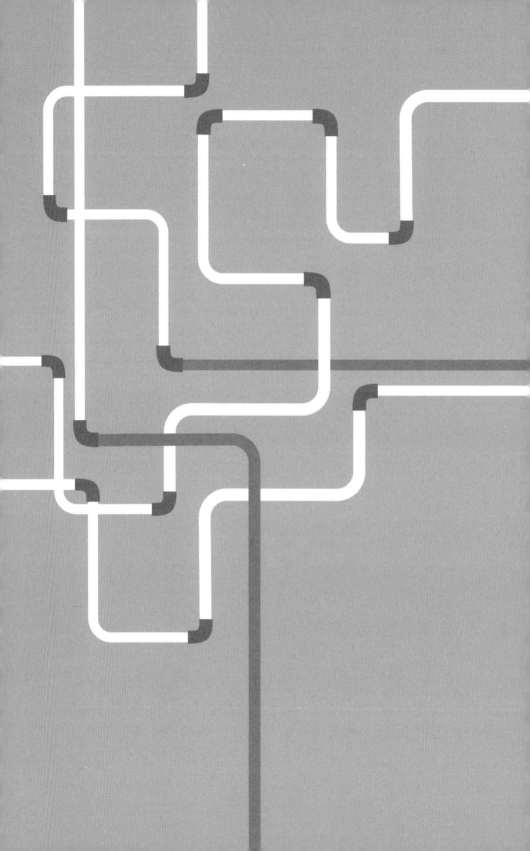

네 가지 지원과 실태 파악

1. 선택적 함묵증 아동에게 필요한 네 가지 지원

선택적 함묵증 아동에게 필요한 지원

선택적 함묵증 아동 지원의 기본으로 저는 다음의 네 가지 지원이 있다고 생각합니다. ①과 ②는 어느 아동에게든 꼭 필요한 지원이면서 동시에 가장 중요한 지원입니다. 더구나 이 두 가지는 세트로 생각해야 합니다. ③과 ④는 아동에 따라 필요한 아동도 있고 그다지 필요하지 않은 아동도 있습니다.

---

① 유치원이나 학교에서 편안히 생활하고 활동 및 수업 참여도를 높이는 지원

② 말할 수 있도록 돕는 지원

③ 가정에 대한 지원

④ 사회생활에 대한 지원

다음에서는 먼저 각 지원의 필요성 및 의의에 대하여 설명하겠습니다. 이 중 ①에 대해서는 제4장에서, ②에 대해서는 제5장에서 더 자세히 소개하겠습니다.

유치원이나 학교에서 편안히 생활하고 활동 및 수업 참여도를 높이는 지원

선택적 함묵증 아동은 학교에서 목소리가 나오지 않기 때문에 많은 '어려움'을 경험합니다. 어려움이 많으면 유치원이나 학교에서의 생활은 즐겁지 않게 되고 괴로운 일이 많아집니다. 이 어려움에 대한 대응과 해결은 유치원이나 학교에서만 할 수 있는 일입니다. 아동들이 즐겁게 학교생활을 할 수 있도록 유치원이나 학교에서의 대응이 즉시 필요합니다.

제가 실시한 선택적 함묵증 경험자 13명에 대한 설문조사에서는 3분의 2에 해당하는 9명 이상이 학교생활에서 겪는 어려움으로 다음과 같은 사례를 꼽았습니다(園山, 2009).

· 학교에 가는 것에 정신적인 고통이 수반되었다.
· 반 친구와 좋은 관계를 맺지 못했다.
· 함묵인 것에 대해 반 친구들로부터 오해와 편견을 받았다.
· 함묵인 것에 대해 담임교사로부터 오해와 편견을 받았다.
· 발표회에 즐겁게 참여하지 못했다.
· 운동회에 즐겁게 참여하지 못했다.

아동에게는 이 밖에도 여러 가지 어려움이 있을 것으로 예상됩니다. 이 것들을 해결해야 유치원이나 학교에서 편안하게 지낼 수 있게 됩니다.

또, 반 친구와 말할 수 없다, 수업에서 발표할 수 없다, 책 읽기를 할 수 없다 등 구어에 의한 활동과 수업에 참여할 수 없는 상황도 나옵니다. 이런 상황에서는 선택적 함묵증 아동이 할 수 있는 구어 이외의 수단으로 참여할 수 있도록 지원이 필요합니다. 이 지원의 구체적인 대응 방법에 대해서는 제4장에서 자세히 다루겠습니다.

말할 수 있도록 돕는 지원

유치원이나 학교에서 안심하고 지내고 활동 및 수업 참여도가 높아짐으로써 말할 수 있는 사람과 상황이 조금씩 늘어나는 아동도 있지만, 그렇게 되지 않는 아동도 있습니다. 그래서 저는 말할 수 있도록 돕는 지원을 병행하는 것을 권장합니다.

말할 수 있도록 돕는 지원에는 크게 다음의 두 가지가 있습니다.

① 전문기관 중심 지원

이것은 부모와 자녀가 함께 교육상담 센터나 소아 클리닉 심리상담실 등에 다니면서 개별면담 또는 집단면담을 통해 선택적 함묵증의 개선을 도모하는 상담 지원으로, 클리닉형 상담 지원이라 불리기도 합니다. 부모 면담에서는 가정에서의 배려를 중심으로 담임교사와의 연계 협력을 통한 유치원이나 학교에서의 배려를 의논합니다. 아동 면담은 놀이치료실 등에서 담당자와 말할 수 있게 된 후에 유치원이나 학교에서 말할 수 있도록 진행해 갑니다. 다만, 아동 면담 상황에서 담당자와 말할 수 있게 되어도 그 성공을 유치원이나 학교에서 자연스럽게 일반화하는 것이 어려운 경우도 많으므로, 유치원이나 학교와의 연계 협력이 반드시 필요합니다.

② 학교 중심 지원

담임교사와 보호자, 본인 및 반 친구가 협력해서 유치원이나 학교를 이용하여 말할 수 있는 사람 또는 상황을 늘려 가는 것입니다. 자주 이용되는 방법으로는 방과 후 아무도 없는 교실을 이용하여 보호자와 아동만이 교실에서 노는 방법이 있습니다. 교실에 보호자나 형제자매 외에는 아무도 없고, 교실 근처에도 아무도 없는 상황을 만듭니다. 가정과 같은 상황을 만들면 아동이 말할 가능성이 커집니다. 그 상황에서 대화가 가능해지면 담임교사 또는 담임 이외의 교사가 교실을 단 몇 초만 들여다보고 대화가 끊기지 않는지를 확인합니다. 대화가 끊기지 않으면 잠시 시간을 두고, 다음에는 수십 초간 교실을 들여다봅니다. 이렇게 단계적인 방법을 취합니다. 저는 이것을 '스몰 · 스몰 · 스몰 · 스텝(small small small step)'이라고 부릅니다.

어느 지원 형태든 선택적 함묵증 아동 본인, 보호자, 가족, 반 친구 등의 협력이 필요한 것은 말할 것도 없습니다. 전문기관 중심 지원에서도 학교와의 연계 협력이 반드시 필요하고, 학교 중심 지원에서도 전문기관과의 연계 협력 체제가 있는 것이 바람직하겠지요. 이러한 지원의 구체적인 방법은 제5장에서 자세히 다루겠습니다.

가정에 대한 지원

선택적 함묵증 아동들은 가정에서는 평범하게 말하는 경우가 많아서 가정에 대한 지원은 필요하지 않다고 생각하기 쉽습니다. 하지만 저는 적어도 보호자에 대한 지원은 필요하다고 생각합니다. 왜냐하면 가정생활이나 사회생활에 관한 지원은 보호자와 가족에 의해 실시되기 때문입니다. 그러한 의미에서 가정에 대한 지원이 중요하다고 생각합니다.

보호자에 대한 지원의 최우선 과제는 보호자 자신이 올바른 선택적 함묵증 지식을 가지는 것입니다. 선택적 함묵증에 대한 정보는 아직 널리 알려져 있지 않습니다. 그렇기 때문에 보호자가 자녀의 선택적 함묵증을 제대로 이해하지 못해 아동에게 적절하게 대응하지 못하는 경우가 있습니다.

다음 두 가지는 보호자로부터 자주 듣는 생각으로, 앞서 소개한 오해에 포함되는 것입니다.

· 집에서는 잘 말하니까 걱정 없어.
· 크면 말할 수 있게 될 거야.

학교에서 말하도록 자녀를 격려하거나 질책, 질타하는 보호자도 있습니다. 이러한 압력을 받은 자녀는 '부모님도 나를 알아주지 않는다'라고 느끼게 되고, 결국 부모와 자녀의 관계가 악화될 수 있습니다.

가정에 대한 지원은 이러한 오해와 잘못된 생각에서 벗어나는 것, 그리고 올바른 지식과 이해를 통해 아동의 마음에 닿는 대응을 할 수 있게 되는 것이 목적입니다.

· 유치원이나 학교에서 말할 수 없는 것은 아동의 탓이 아니다.
· 말하려고 해도 유치원이나 학교에서는 목소리가 나오지 않는다.
· 노력한다고 학교에서 말할 수 있는 것은 아니다.
· 내버려 두면 낫는다고는 할 수 없다.
· 아동은 유치원이나 학교에서 말할 수 없는 것 외에도 여러 고충과 어려움을 경험한다.

부모가 아동의 상황을 먼저 이해한 뒤 올바른 지식을 가지고 자녀와 관계를 맺을 수 있도록 가정을 지원합니다. 가정을 지원하는 것은 학교와 가정이라는 양쪽 바퀴를 지탱하는 중요한 역할입니다.

사회생활에 대한 지원

사회생활에 대한 지원으로는 다양한 것을 생각할 수 있습니다.

한 가지는 학령기 지원입니다. 유치원이나 학교 이외의 상황에서 할 수 있는 것 또는 자신 있게 할 수 있는 것을 늘리도록 합니다. 예를 들어, 수영 교실에서 수영을 할 수 있게 된다, 피아노 교실에서 피아노를 잘 칠 수 있게 된다, 서예 교실에서 글씨를 예쁘게 쓸 수 있게 된다 등이 있습니다. 가능하면 아동이 원하는 것을 배우게 하는 것이 좋습니다.

그 밖에도 사회생활에서 할 수 있는 일을 늘리는 예로, 마트에서 장을 볼 때 자녀에게도 장바구니를 들게 하여 장보기의 일부 활동을 자녀에게 시키고, 보호자는 지켜보면서 계산대에서 계산도 시켜 봅니다. 버스를 이용할 때도 자녀가 스스로 버스카드나 현금으로 지불할 수 있도록 합니다. 가게에서 음식을 주문할 때 말로 주문하기 어려우면 메뉴를 가리켜서 먹고 싶은 것을 전달하도록 해 봅니다. 이러한 사소한 일이 쌓이면 아동이 스스로 할 수 있다는 자신감이 생깁니다. 이른바 자기 효능감으로 이어져, '이건 할 수 있다'는 감각을 키우게 됩니다.

반면에 학원이나 가게 등에서도 말을 할 수 없는 경우에는 그 상황에서 아동이 어려움을 겪지 않도록 하는 지원도 필요합니다. 예를 들어, 학원에서는 사전에 담당자에게 사정을 이야기하여 말로 하는 대답이 필요하지 않은 대응을 받게 하거나, 선택지를 제시하여 아동에게 선택하게 하는 등의 대응을 부탁하는 것이 필요한 경우도 있습니다.

연령이 높아지면 사회적 상황도 넓어집니다. 그러한 상황에서의 대인관계 기술을 함께 생각하고 연습해 보는 것도 도움이 될 것입니다.

아르바이트를 하거나 직업을 가지면 다양한 고민이 생깁니다. 그럴 때 가볍게 상담해 주는 것도 선택적 함묵증을 가진 사람이 혼자서 고민하지 않고 해결할 수 있도록 돕는 중요한 지원입니다.

2. 선택적 함묵증 아동의 실태 파악은 왜 필요한가

아동 이해가 지원의 기반

선택적 함묵증뿐만 아니라 지원을 할 때는 그 전에 해당 아동을 이해하는 것이 중요합니다. 아동을 이해하지 않으면 어떠한 지원이 필요한지, 또 그 지원을 어떠한 방법으로 실시하는 것이 해당 아동에게 적합한 것인지 등을 알 길이 없습니다. 열이 나서 병원에서 진찰받을 때도 의사가 곧바로 진단을 내리지는 않습니다. 발열과 관련된 몇 가지를 문진하고 간호하는 보호자에게 묻거나 필요에 따라서는 몇 가지 검사를 하여 아동의 상태를 확인하고 발열의 원인을 추정한 후에 필요한 처치를 결정합니다.

선택적 함묵증도 마찬가지입니다. 아동에 대한 이해가 우선입니다. 아동의 성격, 행동 경향, 감수성, 좋아하는 것과 싫어하는 것, 잘하는 것과 잘하지 못하는 것 등에 대한 전반적인 이해를 높입니다. 동시에 선택적 함묵증에 초점을 맞춘 실태 파악을 진행합니다.

'교육요령' 및 '학습지도요령'에 나타난 '아동의 실태 파악'

학교 교육에서 아동의 이해는 매우 중요합니다. 2017년에 고시된 현행의 '유치원 교육요령'(문부과학성, 2017a)과 '초등학교 학습지도요령'(문부과학성, 2017b)에는 '아동의 실태 파악'에 관한 많은 기술이 있습니다. 다음은 그 일례입니다.

'유치원 교육요령'

제3장 지도계획 및 교육과정에 관한 교육 시간 종료 후 등에 실시하는 교육활동 등의 유의 사항

└ 제1 지도계획 작성에서의 유의 사항

└ 1 일반적인 유의 사항

└ 유아가 실시하는 구체적인 활동은 생활의 흐름 속에서 다양하게 변화하는 것임에 유의하고, 유아가 바람직한 방향으로 스스로 활동을 전개해 갈 수 있도록 필요한 지원을 할 것. 이때 유아의 실태 및 유아를 둘러싼 상황의 변화 등에 따라서 지도 과정에 대한 반성과 평가를 적절히 실시하여 항상 지도계획의 개선을 도모할 것(강조점은 저자가 기재함)

'초등학교 학습지도요령'

제1장 총칙

└ 제2 교육과정 편성

└ 3 교육과정 편성의 공통적 사항

└ (3) 지도계획 작성 등에서의 배려 사항

└ 아동의 실태 등을 고려하고, 지도의 효과를 높이기 위해 아동 발달 단계 및 지도내용의 관련성 등을 고려하면서 합과적·관련적인 지도를 할 것(강조점은 저자가 기재함)

선택적 함묵증 아동의 실태를 파악하는 것은 아동에게 필요한 지원이 무엇인지를 찾기 위해 필수적입니다. 그리고 이것은 필요한 지원의 근거가 됩니다. 교사의 단순한 생각과 열의로 필요한 지원이 결정되는 것은 아닙니다. 실태 파악에 근거하여 찾아낸 지원이라면 다른 교사도 보호자도, 그리고 선택적 함묵증 아동 본인도 수용하기 쉬울 것입니다.

3. 실태 파악 방법

유치원이나 학교에서 말하지 못하지만, 가정에서는 말한다는 것을 확인한다

선택적 함묵증의 조기 발견은 제1장에서 설명한 것처럼 간단하며, 그 방법은 ① 유치원이나 학교에서의 발화 상황을 행동 관찰하고, 다양한 상황에서 말하지 못하는 것을 확인하는 것, ② 가정에서의 발화 상황을 보호자로부터 청취하고, 가정에서 평범하게 말하는 모습을 확인하는 것이었습니다. 이 자체가 아동의 발화 상황과 선택적 함묵증에 대한 실태 파악입니다. 그리고 이 두 상황(유치원/학교, 가정)을 중심으로 실태 파악을 더욱 심화해 나가는 것입니다.

저는 유치원이나 학교에 순회상담을 가면, 아동 관찰만이 아니라 담임선생님과 원장 선생님 등 그 아동의 모습을 아는 분에게 유치원이나 학교에서 아동이 발화하는 상황 및 말해야 할 때의 행동, 그리고 그 상황에서 선생님들은 어떻게 대처하는지를 묻습니다.

순회상담에서는 가능한 한 보호자에게도 동석을 요청하여 가정에서 말할 수 있는 상황과 가족과 함께 있어도 말하지 못하는 상황, 그리고 그 상황에서 어떻게 행동하는지 등을 청취합니다. 이것은 ②의 보호자 면담을 통한 정보 수집이며 가정 상황의 실태 파악 중 한 가지입니다.

순회상담에서는 가정, 유치원이나 학교, 지역사회에서의 발화 상황과 선택적 함묵증 상황을 더욱 명확히 하고, 저와 교사, 보호자 세 사람이 공통의 이해를 갖기 위해 간단한 검목표인 SMQ-R(함묵넷, online)을 활용합니다. SMQ-R은 '함묵넷'의 홈페이지(kanmoku.org)에서 내려받을 수 있습니다. 원본 SMQ는 'Selective Mutism Questionnaire'로 일본어로 번역되어 있습니다(Bergman, 2018). SMQ-R은 '유치원 또는 학교', '가정과 가족', '사회적 상황(학교 외)'의 세 가지 상황에 대해 각각 5~6개의 질문 항목으로 구성되어 있고, [0: 전혀 없음, 1: 드물게 있음, 2: 자주 있음, 3: 항상]으로 평가하는 매우 간단한 검목표입니다. '유치원 또는 학교'는 담임교사가 평가하고, '가정과 가족', '사회적 상황(학교 외)'은 보호자가 평가하며, 10분 정도면 응답을 마칠 수 있습니다.

SMQ-R의 결과를 확인하는 것만으로 아동의 발화와 선택적 함묵증 상황에 대해 세 사람이 공통의 이해를 가질 수 있습니다.

유치원이나 학교에서의 '발화 상황' 파악하기

유치원이나 학교에서의 발화 상황에 대한 실태 파악을 할 때는 제2장의 36~38쪽에서 소개한 'selective'의 시점이 중요합니다. 즉, 말할 수 있거나 말할 수 없게 되는 것은 '사소한 일'을 계기로 바뀐다는 것입니다. 그래서 '유치원에서는 말할 수 없는 것 같아요', '학교에서는 목소리가 안 나오는 것 같아요'와 같은 대략적인 실태 파악은 좋지 않습니다. '사소한 일'이 '말할 수 있다'와 '말할 수 없다'를 어떻게 바꾸는지를 관찰, 기록, 검목표 등으로 정확하게 확인해야 합니다.

캐나다 맥마스터(McMaster) 대학의 맥홈(McHolm) 교수팀은 '장소', '사람', '활동'의 세 가지를 조합한 상황별로 실태 파악을 하기를 추천합니다 (McHolm et al., 2007). 예를 들어, '교실'(장소)에서, '반 친구 전체 앞'(사람)에서, '책 읽기'(활동) 상황에서는 '목소리가 나오지 않고 매우 긴장한' 모습이 관찰되었다고 합시다. 동시에 같은 학교 상황이라도 '학교 건물 뒤 공터'(장소)에서, '방과 후에 자주 노는 소꿉친구와 단둘'(사람)이서, '실뜨기'(활동)를 하는 상황에서는, '3미터 떨어진 곳에 있는 반 친구에게는 들리지 않는 작은 목소리로 이야기하고 있는' 모습이 관찰될지도 모릅니다.

이처럼 '장소', '사람', '활동'의 세 가지를 조합한 상황별로 발화 상황을 파악함으로써, '사소한 일'을 알고 그 상황에서 필요한 배려와 대응 방안을 찾을 수 있습니다. 아울러 유치원이나 학교에서만이 아닌 가정과 사회적 상황(가게나 학원 등)에서도 해 보는 것이 좋겠지요. 이러한 올바른 실태 파악을 통해 단순히 '유치원이나 학교에서 말하지 못하는 아동'이라는 이해에서 '이러한 상황에서는 말하지 못하지만, 이러한 상황에서는 말할 수 있다'로 아동에 대한 이해를 점차 높여 갈 수 있습니다.

유치원이나 학교생활에서의 '어려움' 파악하기

선택적 함묵증 아동을 만나면 발화 상황의 실태를 파악하는 것 외에 '어려움'의 실태를 파악하는 것 또한 중요합니다. 즉, 말을 할 수 없거나 목소리가 나오지 않는 아동은 유치원이나 학교에서 '어려움'을 많이 겪을 것입니다. 매일 '어려움'을 경험하면 유치원이나 학교가 즐겁지 않게 되므로 이러한 '어려움'은 가능한 한 빨리 해소되어야 합니다. 아동들이 어떤 부분에서 어려움이 있는지를 조금이라도 빨리 파악해야 합니다.

① 등원 · 등교부터 하원 · 하교까지의 '어려움' 파악하기

저는 아동들이 등원 · 등교해서 하원 · 하교할 때까지의 모든 시간과 상황에 대해서 시간 순서대로 '어려움'이 있는지 검토하고 기록할 것을 권장합니다. 유치원이나 학교에서의 모든 생활 상황에서 '어려움'이 있는지 어떤지를 살펴보는 것입니다. 담임교사나 보호자와 면담해 보면, 책 읽기나 발표, 노래 부르기, 반 친구와 이야기하기 등 말할 수 없어 마주하는 '주된 어려움' 외에도, 예를 들어 다음과 같은 '어려움'을 마주하는 아동이 있는 것을 알 수 있습니다.

· 유치원에 등원하자마자 현관에서 담당 선생님에게 '안녕하세요'라고 말할 수 없다.
· 초등학교 조회 시간의 건강관찰에서 '네, 건강합니다'라고 말할 수 없다.
· 당번이 되었을 때 반 친구들 앞에서 정해진 대사를 말할 수 없다.
· 방과 후에 놀고 싶다고 친한 친구에게 전할 수 없다.
· 갑자기 화장실에 가고 싶어져도 선생님에게 전할 수 없다.
· 필요한 도구를 사용하고 싶다고 선생님에게 전할 수 없다.
· 싫어하는 것이 있어도 선생님이나 반 친구에게 전할 수 없다.

'어려움'은 유치원이나 학교의 부지나 건물 안으로 국한되지 않습니다. 한 초등학생은 반 친구와 함께 등하교할 때, 같은 반 친구들과 말할 수 없어서 필요한 것을 전하지 못하는 어려움이 있었습니다.

이러한 상황에서 그 아동이 어떻게 행동하는지, 주위 사람들은 어떻게 반응하는지와 같은 실태 파악을 한 후에 필요한 배려와 대응을 생각하여 '어려움'을 해결해 가야 합니다.

② 유치원이나 학교에서의 '어려움'을 조사하고 알게 된 것

다음은 선택적 함묵증 경험자를 대상으로 유치원이나 학교에서의 '어려움'에 대해 설문조사를 한 결과입니다. 선택적 함묵증 경험자 22명에게 초등학교 · 중학교 · 고등학교 각 시기를 되돌아보고 어렵게 느꼈던 활동을 최대 4개까지 고르도록 하였습니다(奧村 · 園山, 2018). 그러자 시기(학교)별로 다음과 같은 활동이 나타났습니다(다음은 두 명 이상이 응답한 것으로, ①~⑧은 응답이 많은 순서를 나타냅니다).

【초등학교】 ① 소풍 · 교외학습, ① 음악, ① 운동회, ① 발표회, ⑤ 소집단활동, ⑥ 작문 · 감상문 등 발표, ⑥ 쉬는 시간, ⑧ 수학여행 · 숙박 학습, ⑧ 모둠 나누기, ⑧ 체육, ⑧ 점심 식사 후 쉬는 시간, ⑧ 급식

【중학교】 ① 소풍 · 교외학습, ② 음악, ② 운동회, ④ 소집단활동, ④ 쉬는 시간, ⑥ 체육, ⑥ 수학여행 · 숙박 학습, ⑥ 축제, ⑥ 동아리 활동

【고등학교】 ① 소풍 · 교외학습, ① 축제, ③ 체육, ③ 쉬는 시간, ⑤ 음악, ⑤ 소집단활동, ⑤ 수학여행 · 숙박 학습, ⑤ 운동회, ⑨ 점심 식사 후 쉬는 시간

반면, 선택적 함묵증 아동이 재학하는 유치원 · 초등학교 · 중학교의 교사를 대상으로 한 조사연구(Matsushita et al., 2020)에서는 교사가 볼 때 아동이 어려워하는 경향이 높은 활동을 다음과 같이 들었습니다[아래는 (1: 부담이 적다 ~ 4: 매우 부담스럽다)의 4단계 평가로 2 이상의 항목].

【유치원】① 집단놀이

【초등학교】① 국어, ② 음악, ③ 외국어 활동, ④ 조회 · 종례, ④ 수학, ⑥ 종합적 학습 시간, ⑦ 특별활동, ⑧ 생활, ⑨ 사회, ⑩ 이과, ⑪ 체육, ⑪ 도덕

【중학교】① 음악, ② 이과, ② 도덕, ④ 외국어, ④ 국어, ④ 사회, ⑧ 가정, ⑨ 체육, ⑩ 미술, ⑪ 종합적 학습 시간, ⑪ 특별활동, ⑬ 조회 · 종례, ⑭ 급식 · 도시락, ⑮ 쉬는 시간

이러한 결과를 보면, 선택적 함묵증 아동의 입장 및 교사의 입장에서 볼 때, 수업만이 아닌 소집단으로 행동하는 것이 많은 행사도 부담스럽고, 본래는 즐거워야 할 쉬는 시간이나 점심 식사 후 쉬는 시간도 '어려운 상황'이 되는 것을 알 수 있습니다. 따라서 유치원이나 학교에서의 생활 상황 전체를 둘러보고, 선택적 함묵증 아동들이 어디에서 '어려움'을 겪었는지를 살펴보면 보다 정확히 실태를 파악할 수 있을 것입니다.

③ '학습지도요령'과 관련한 '어려움'

일본의 '교육요령' 및 '학습지도요령' 현행에는 선택적 함묵증 아동들에게 부담을 줄 수 있는 내용이 포함되어 있습니다. 그것은 학습지도요령에서 강조한 '주체적 · 대화적이고 깊이 있는 배움', '언어활동의 내실화', 그리고 '외국어 활동'과 '외국어과'입니다.

학습지도요령에서는 '어떻게 배울 것인가'에 대하여 '주체적 · 대화적이고 깊이 있는 배움'의 실현을 위한 수업 개선을 요구하고 있습니다. 이 '대화적'을 글자 그대로 해석해 버리면 학습 상황의 대부분에서 '대화적'인 것을 요구하여, 선택적 함묵증 아동들에게는 매우 부담스러운 상황이 됩니다.

그러나 『초등학교 학습지도요령 해설 총칙편』(문부과학성, 2017c, p. 77)에 따르면, '대화적인 배움(interactive learning)'이란 '아이들 간의 협동, 교직원이나 지역민과의 대화, 선조의 생각을 단서로 생각하는 것 등을 통해서, 자기의 생각의 폭을 넓히고 깊게 한다'라고 되어 있습니다. 즉, '대화적인 배움'의 요점은 타인이나 선조의 생각을 알고 '자기 생각의 폭을 넓히고 깊게 한다'는 것이라고 할 수 있습니다. 이는 다른 사람의 이야기를 듣거나 자기 생각을 구어 이외의 수단으로 표현함으로써도 실현할 수 있을 것입니다.

마찬가지로 '언어활동의 내실화' 부분에서는 자기의 생각이나 의견을 이야기하고 다른 사람의 의견이나 생각을 듣는 것이 기본적으로 중요하고, '외국어 활동'이나 '외국어과'에서도 영어를 말하는 것이 중요하다고 되어 있습니다. 선택적 함묵증 아동들은 수업 상황에서 말할 수 없는 경우가 많기 때문에, 말하기 위주의 수업은 크게 부담스러울 수 있습니다. 그러나 언어에 의한 표현은 구어만 해당하지 않습니다. 글로 표현, 선택하여 표현, 대독(代読)으로 표현 등 다양한 표현이 가능하다는 것에 유의해야 합니다. 그리고 이것들은 합리적 배려에 포함되는 것입니다. 뒤에서 자세히 소개할 「장애인차별해소법」에서는 장애로 인한 어려움에 대해 합리적 배려가 학교 교육에서 반드시 실시되어야 한다고 했습니다.

사회적 상황에서의 '발화 상황' 또는 '어려움' 파악하기

'사회생활에 관한 지원' 중에 학원이나 가게 등에서 자신감을 가질 수 있도록 하는 지원이 중요하다고 설명했습니다. 이를 위해서는 학원, 수영 교실, 그 밖에 배우는 상황 및 레스토랑 등 가게에서의 '발화 상황'과 '어려워하는 상황'의 실태 파악도 중요합니다. 이러한 상황에서 평범하게 발화할 수 있다면 문제가 없지만, 목소리가 나오지 않는다면 대응이나 배려가 필요합니다.

　예를 들면, 피아노 교실에 즐겁게 다니고 집에서도 열심히 연습하는 선택적 함묵증 아동이 피아노 교실에서는 인사('안녕하세요', '안녕히 계세요')를 하지 못하고, 음표 읽기도 하지 못했습니다. 그래도 피아노를 치는 것은 매우 좋아했습니다. 이 아동이 피아노 교실에 다니는 것은 큰 자신감으로 이어지는 일이지만, 소리 내서 인사를 하지 못하는 부분에서는 대응이 필요합니다. 예를 들어, 피아노 교실의 선생님에게 사정을 설명하고 하이파이브 등의 몸짓으로 인사를 나누게 하는 것을 생각할 수 있습니다. 간단한 것처럼 보이지만 실태 파악이 되어 있지 않으면 생각할 수 없는 배려 · 대응입니다.

　한 초등학생은 수영 교실에 다니면서 수영을 잘하게 되었습니다. 어느 날 담당 코치가 쉬는 날이라 다른 코치가 이 아동을 담당하였습니다. 그 코치는 아동에게 대답이 필요한 몇 가지 질문을 하였고, 아동이 대답하지 않자 꾸짖었습니다. 보호자는 수영 교실의 책임자에게 사전에 사정을 설명하였고, 평소의 담당 코치는 대답이 필요한 말은 가능하면 하지 않도록 배려해 주었는데, 모든 코치에게 전달되지 않았던 모양입니다. 이후에 보호자는 한 번 더 책임자에게 부탁하여 모든 코치가 배려 사항을 알 수 있도록 요청하였습니다.

　레스토랑에서는 어떠한 수단(메뉴를 손가락으로 가리키기 등)으로 아동이 주문하는 것도 사회적 기술로서 중요하지만, 때에 따라서는 손가락으로 가리키는 것조차 싫어하는 아동도 있습니다. 이러한 실태가 파악되면 강제하지 않는 것이 중요합니다. 왜냐하면 강제는 아동에게 '할 수 없다'는 경험을 추가하기 때문입니다. 당분간은 보호자가 아동을 대신하여 손가락으로 가리키거나 구두로 주문하는 시범을 보이도록 합시다. 또는 레스토랑에 가기 전에 주문하는 방법(손가락으로 가리키든 구두로든 아동이 할 수 있을 것 같은 방법)을 연습하고, 레스토랑에서 도전하는 기회를 만들어 봐도 좋겠습니다. 안 되면 보호자가 시범을 보여 줍니다.

친구 관계 현황 파악하기

또 하나의 중요한 포인트는 친구 관계를 파악하는 일입니다. 왜냐하면 친한 아동이 가까이 있으면 안심감이 커지지만, 친하지 않은 아동이 가까이에 있을 때는 불안감이 커지기 때문입니다.

친구 관계는 유치원이나 학교에서의 모습을 관찰해서 대략적으로 파악할 수 있을 것입니다. 나아가 방과 후나 휴일에 함께 노는 아동, 또는 소꿉친구로 잘 알고 있는 순한 아동 등, 유치원이나 학교 이외의 친구 관계에 대해서도 보호자에게 물어보는 것이 좋습니다. 제5장의 '말할 수 있게 되기 위한 대응'에서 소개하는 몇 가지 사례에서도 친한 반 친구의 도움을 받았습니다.

'아동의 마음' 파악하기

실태 파악을 하다 보면 선택적 함묵증 아동이 마주하는 '어려움'을 구체적으로 알게 됩니다. 여기서 또 하나의 중요한 포인트가 있습니다. 그것은 '아동의 마음'입니다. '어려운 상황'에서 아동이 어떤 마음인지, 어떻게 생각하고 있는지를 알아야 합니다. 주위에서는 어려워 보이지 않아도, 아동은 큰 어려움을 겪는 상황일 수도 있습니다. 반대로 어려운 상황으로 보여도 아동에게는 별다른 어려움이 아닐지도 모릅니다.

선택적 함묵증 아동은 유치원이나 학교에서는 이러한 상황에서 어떤 '마음'인지 알려 주지 않습니다. 그래서 가정에서 보호자가 질문하게 됩니다. 보호자가 물어도 아동이 부정적인 감정에 대해서 솔직하게 말해 준다고는 할 수 없습니다. '별로'라든가 '그다지'라고 대답해도 정말로 괜찮은지 어떤지는 좀처럼 판단이 서지 않을 것입니다.

그래서 유치원이나 학교에서 아동의 모습을 제대로 관찰한 후에, 가정에서 보호자가 물어서 알게 된 정보를 더해 가면서 아동의 어려움을 파악해야 합니다.

캐나다 맥마스터 대학 부속 아동병원 방문기

2017년 3월에 저희 연구팀은 캐나다 맥마스터 대학 부속 아동병원의 안젤라 맥홈(Angela McHolm) 교수를 방문하였습니다. 맥홈 교수는 해외의 선택적 함묵증 전문도서 중 처음으로 번역 출판된 도서의 원저자입니다(McHolm et al., 2007). 지원 방법론으로는 자극 용암법(stimulus fading), 점진적 노출(graduated exposure), 인지행동요법 등 우리와 같은 방법론을 사용하고 있습니다. 맥홈 교수는 부속 아동병원의 선택적 함묵증과 불안증 등 외래 유닛의 책임자로 임상 활동을 하면서 맥마스터 대학 심리학부의 강사로 대학원생을 지도하고 있습니다.

현지에서는 ① 선택적 함묵증 지원에 대한 맥홈 교수의 방법론 소개, ② 우리 연구팀의 연구 소개, ③ 맥홈 교수 연구실의 대학원생이 진행하고 있는 임상 활동과 연구 소개를 내용으로 하여 교류회를 실시하였습니다. 또한 교사나 공중보건사(public health nurse)를 대상으로 한 소규모 연수회에도 참여하여, 거기에서도 저희 연구팀의 사례 연구를 소개하였습니다(자세한 내용은 松下他, 2018 참조).

이 방문을 통해 제가 배운 것 중에서 두 가지를 소개하겠습니다.

① 사춘기 · 청년기의 선택적 함묵증 청소년 · 청년에 대한 지원 방법

번역서는 유아기 · 학령기에서의 지원 방법에 초점이 맞추어져 있지만, 현재의 임상 연구는 사춘기 · 청년기의 선택적 함묵증 청소년 · 청년이며, 이 중에서도 등교 거부 등 이차 장애를 동반한 사람을 대상으로 인지행동 요법을 활용한 지원 연구에 주력하고 있었습니다.

② 교사 및 전문직 육성

맥홈 교수는 캐나다 국토가 넓으니 일정 면적의 지역마다 선택적 함묵 증에 대한 높은 전문성을 가진 교사 및 공중보건사를 육성해야 한다고 생 각합니다. 현지에서는 지역의 보건센터마다 전문직 연수회가 개최되고 있 었습니다.

선택적 함묵증과 특별지원교육

　일본의 특별지원교육 제도에서 선택적 함묵증은 정서장애로 분류됩니다. 예를 들어, '교육지원자료'(문부과학성, 2013a)에는 '1 정서장애가 있는 아동의 교육적 요구 – (1) 조기부터의 교육적 대응의 중요성'에 다음과 같이 기술되어 있습니다.

> 예를 들어, 선택적 함묵증에 대한 대응이라고 하면, 주위가 말하지 않는 것에만 과도하게 주목하여 어떻게든 말을 시키려고 하는 움직임이 많아지고, 이러한 움직임이 오히려 긴장과 위축을 발생시켜, 대인공포나 은둔형 외톨이(히키코모리) 등 이차적인 부적응을 초래하는 경우가 있다. 또, 해당 아동을 말을 안 하는 아동으로 간주하고 주위 아동에게도 이러한 인상을 심어 줘서 그 상태를 강화해 버리는 경우도 있다. 이 경우 의도적으로 말을 안 하는 것이 아니라, 상황에 따라 의도적으로 말을 할 수 없다는 시점에서 긴장과 불안을 완화시켜 주는 것이 중요하다.

　선택적 함묵증 아동은 일반학급에 재학하는 경우가 많아 필요에 따라 '통급에 의한 지도"'를 받습니다. 일반학급에서의 학습이 어렵다면 '특별지원학급"''에 재학하는 경우도 있습니다(문부과학성, 2013b).

학습 지체가 없고 강한 불안이나 행동 억제 등의 문제가 없다면, 일반학급에 재학하면서 '통급에 의한 지도'를 받을 수 있는 체제가 바람직하다고 생각합니다. 그리고 통급에 의한 지도 담당교사는 일반학급 담임교사와 연계하여 ① 일반학급에서 안심하고 지낼 수 있는 조건을 만들고, ② 통급지도교실에서 자립 활동으로 말할 수 있게 되도록 지원합니다.

자립 활동은 '장애로 인한 학습상 또는 생활상의 어려움을 극복하고 자립을 도모하기 위해 필요한 지식기능을 전수하는 것을 목적'으로 실시하며 (「학교교육법」제72조), 현행의 '학습지도요령'에서는 특별지원학급 및 통급에 의한 지도에서도 자립 활동을 도입하게 되어 있습니다.

---

* 일반학급에서 동일한 수업을 받되, 학업이나 생활에서 장애 관련 어려움이 있을 때는 별도의 교실에서 지원을 받을 수 있도록 하는 일본의 교육 제도

** 일반 학교에서 장애 아동을 위해 편성한 학급

합리적 배려

합리적 배려(reasonable accommodation)는 2006년 유엔총회에서 채택된 「장애인 권리조약」 제2조에서 다음과 같이 정의되었습니다(외무성, 2014).

'합리적 배려'란, 장애인이 다른 사람과의 평등을 기초로 모든 인권 및 기본적 자유를 향유하거나 행사하는 것을 확보하기 위해 필요하고, 적당한 변경 및 조정으로 특정한 경우에 필요한 것이며, 균형을 잃거나 과도한 부담을 부과하지 않는 것을 말한다.

2016년에 시행된 일본의 「장애인차별해소법」에 따르면, 합리적 배려를 제공하지 않는 것은 차별에 해당한다고 되어 있습니다.

합리적 배려의 예를 생각해 봅시다. 예를 들어, 시각장애(저시력) 아동은 일반 교과서의 글자를 읽는 것은 어렵지만 확대경이나 태블릿PC에 넣어 전자교과서를 사용하면 수업에 참여하기 쉬워집니다. 청각장애(난청) 아동은 FM 보청기, 필담·필기, 수어 등을 사용하면 수업에 참여하기 쉬워집니다. 선택적 함묵증 아동도 마찬가지입니다. 목소리를 내서 답을 말하는 것은 어렵지만, 답을 노트에 적고 옆에 있는 친구나 선생님이 읽어 줌으로써 수업에 참여할 수 있습니다. 목소리를 낼 수 없어 마주하는 '어려움'에도 적절한 합리적 배려가 필요합니다.

일본 학교 교육에서의 합리적 배려에 관한 데이터베이스가 있습니다. 국립특별지원교육총합연구소(online)의 'incluDB'입니다. 합리적 배려를 포함해 학교에서의 대응이 구체적으로 소개되어 있으며 '실천 사례 데이터베이스Ⅰ·Ⅱ'의 콘텐츠가 있습니다. 2021년 8월 10일에 '함묵'이라는 키워드로 검색한 결과, Ⅰ에서는 9건, Ⅱ에서는 3건의 사례가 검색되었습니다.

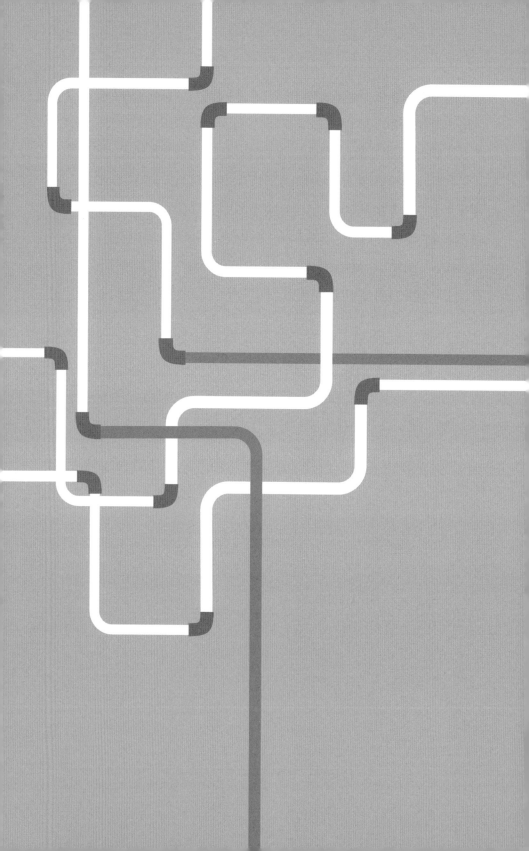

제4장

안심감과 참여도를 높이는 대응 방법

1. 지금 바로 해야 할 네 가지 대응

선택적 함묵증 아동의 존재를 알았을 때 유치원이나 학교에서 곧바로 해야 하는 네 가지 대응이 있습니다.

① 실태 파악
② 안심하게 만드는 대응
③ 활동 및 수업 참여도를 높이는 대응
④ 말할 수 있게 되기 위한 대응

유치원이나 학교에서 곧바로 실시해야 할 대응 중 하나는 '① 실태 파악' 입니다. 제3장에서 이에 관해 이야기하였습니다. 실태 파악과 병행하여 곧 바로 실시해야 할 두 번째 대응은 '② 안심하게 만드는 대응'입니다. 선택 적 함묵증 아동들이 유치원이나 학교에서 힘들어하는 이유는 일상 속에서 안심할 수 없기 때문입니다. 거의 매일 다니는 유치원이나 학교에서 안심감보다 불안감이 큰 생활을 하는 상황을 상상해 보세요. 당연히 하루하루가 즐겁지 않을 것입니다.

· 말하는 상황에서 목소리가 안 나오는데 어떡하지?
· 선생님에게 전할 말이 있는데, 목소리가 안 나와서 어떡하지?
· 친구랑 대화하거나 놀 때 목소리가 안 나오는데 어떡하지?

선택적 함묵증 아동의 긴 학교생활을 생각하면 불안감보다 안심감이 커지는 생활을 만드는 것은 매우 중요합니다. 학교생활이 즐거워지고 편안해야 좋은 배움을 많이 얻을 수 있습니다.

세 번째는 '③ 활동 및 수업 참여도를 높이는 대응'입니다. 유치원이나 학교에서는 보육 활동이나 수업이 대부분의 시간을 차지합니다. 이 시간에 선택적 함묵증 아동들이 제대로 참여하고, 자신의 힘을 발휘하여 유의미한 경험을 쌓도록 궁리해야 합니다. 답은 알고 있지만 호명되는 것이 두려워 손을 들지 못하는 등 말을 할 수 없어서 자신의 힘을 발휘하지 못하고 억울해하는 선택적 함묵증 아동이 많습니다. 이러다가는 본래 좋은 배움의 장이어야 할 유치원이나 학교에서 좋은 배움을 얻지 못하게 됩니다. 좋은 배움의 장을 만들고 아동이 자신의 힘을 발휘하면서 다양한 경험으로 좋은 배움을 하기 위해 아동의 활동 및 수업 참여도를 높이는 것은 필수입니다.

네 번째는 '④ 말할 수 있게 되기 위한 대응'입니다. 제5장에서 자세히 소개하겠지만, 이 또한 곧바로 실시해야 하는 대응 중 하나입니다. 실은 '실태 파악', '안심감 만들기', '활동 및 수업 참여도 높이기'에는 이미 '말할 수 있게 되기 위한 대응'의 요소가 포함되어 있습니다. 말하기를 대신할 수단을 마련해 아동이 안심하고 참여하게 만드는 방법을 쓰는 이유는, 아동이 말할 수 있게 되는 대응을 마련해 두었기 때문입니다. 언뜻 모순처럼 보이지만 말하기를 대신하는 수단만으로 학교생활을 하게 되면, 말할 기회를 잃게 될 수도 있습니다. 그러므로 '말할 수 있게 되기 위한 대응'은 아동의 지원에서 가장 중요한 동시에 가장 어려운 부분입니다. 제5장에서는 이에 초점을 맞춰 설명했습니다.

이 장에서는 '안심시키기'와 '활동 및 수업 참여도 높이기'를 위해 필요한 것과 생각, 구체적인 방법을 소개하겠습니다.

2. 담임교사가 중심인물이다

조기 발견과 실태 파악의 중심인물은 담임교사

제1장에서 선택적 함묵증 아동의 조기 발견에 대해 다루었습니다. 학교에서 말하지 않는 아이를 대상으로 가정에서는 말하고 있는지를 보호자를 통해 확인하는 것입니다. 이때 담임교사의 역할이 큽니다. 학교에서 말하지 않는 아동을 가장 먼저 확인할 수 있는 사람은 담임교사이기 때문입니다. 그런 아동의 보호자에게 이를 확인할 수 있는 사람도 담임교사입니다. 즉, 조기 발견의 중심인물(key person)은 담임교사입니다. 그렇다고 해서 담임교사가 부담을 느낄 필요는 없습니다. 조기 발견 방법은 간단하기 때문입니다.

선택적 함묵증 아동에 대한 유치원이나 학교에서의 실태 파악도 담임교사의 역할입니다. 하지만 실태 파악 역시 특별한 방법이 아니라, 유치원이나 학교에 왔다가 집으로 돌아갈 때까지의 행동을 관찰하는 것이 기본입니다.

유치원이나 학교에서 대응하는 중심인물은 담임교사

선택적 함묵증 아동들은 유치원이나 학교에서 많은 어려움을 겪기 때문에 배려와 지원이 필요합니다. 이러한 배려와 지원은 유치원이나 학교에서 이루어지는 것이므로 여기서도 담임교사가 중심인물이 됩니다.

우선은 유치원이나 학교에서 배려와 지원을 할 때의 포인트를 생각해 봅시다.

① 실태 파악에 근거한 개별적 대응

유치원이나 학교생활 중에 선택적 함묵증 아동이 어떠한 상황에서 불편해하는지는 유치원이나 학교에 왔다가 돌아갈 때까지의 행동 관찰을 통한 실태 파악으로 대략 알 수 있습니다. 다음으로 각각의 '어려움'에서 어떠한 배려와 지원을 하면 '어려움'이 해소될지를 생각해 봅시다.

② 말하는 것을 대신하는 수단이 있는가

'어려움'을 해소하기 위한 방법 중 하나는 말할 수 없는 상황에서 말하는 것을 대신하는 수단을 모색하는 것입니다. 제스처나 사인이 대체 수단이 될 수 있습니다. 앞서 소개한 '네, 건강합니다'라고 말하는 대신에 손으로 주먹을 쥐는 사인으로 대답하는 것이 그 예입니다. 그 밖에 글씨, 손가락으로 가리키기, 카드 가리키기, 다른 사람이 대신 읽어 주기(대독) 등 다양한 수단을 생각할 수 있습니다.

이때 우리가 하는 방식을 고집하지 말고, 선택적 함묵증 아동의 입장에서 상상을 키워 가는 것이 매우 중요합니다. '나는 이렇게 하고 있다'의 대부분은 말할 수 있기 때문에 가능한 것입니다. 자신의 목소리가 나오지 않

83

는다고 상상하고 어떻게 하면 다른 수단으로 대처할 수 있을지를 생각해 보세요. 다양한 아이디어가 떠오를 것입니다.

③ 안심할 수 있는 환경이 기본

말할 수 없는 것 외에도 다리가 움직이지 않아 이동할 수 없는 것(행동의 억제)이나, 교실에서 급식을 먹을 수 없어 별도의 교실에서 식사해야 하는 경우, 혼자서 등교하지 못해 부모님의 동행이 필요한 경우, 교실에 들어가지 못해 별도로 마련된 교실로 등교해야 하는 경우 등, 선택적 함묵증 외에도 다양한 어려움을 겪는 아동들이 있습니다. 이에 대해 저는 '그 아동이 안심할 수 있는 상황을 먼저 만드는 것', 그리고 '안심을 기반으로 한 걸음씩 앞으로 나아가는 것'이 중요하다고 생각합니다.

다리가 움직이지 않게 되었을 때, 누군가가 말을 걸어 주고 함께 걸어 줌으로써 이동할 수 있다면, 우선은 그렇게 합시다.

부모님이 동행함으로써 등교할 수 있다면, 우선은 그렇게 합시다.

별도의 교실로는 등교할 수 있다면, 우선은 그렇게 합시다.

어쨌든 우선은 유치원이나 학교에서 안심하고 지낼 수 있는 것이 가장 좋습니다. 그리고 나서 조금씩 앞으로 나아가면 됩니다. 불안이 많은 학교생활은 즐겁지 않습니다! 다음을 위해 도전할 의욕도 생기지 않습니다! 안심하고 지낼 수 있으면 반드시 다음 단계가 보일 것입니다.

④ 대체 수단은 아동이 하기 쉽고, 수용할 수 있는 것인가

담임교사가 말하기를 대신할 적합한 수단이라고 생각해도, 아동이 똑같이 생각하는지는 알 수 없습니다. '그 방법은 눈에 띄어서 싫다', '긴장할 것 같아서 싫다'라고 하는 경우도 있습니다. 반대로 '그거라면 할 수 있을 것 같다', '조금 노력해 보겠다', '이 방법이라면 할 수 있을 것 같다' 등 찬성하는 경우도 있습니다.

애초에 선택적 함묵증 아동은 자신의 마음을 담임교사에게 말해 주지 않는 경우가 대부분이므로 가정에서 보호자가 아동에게 제안하는 것이 좋습니다. 이때는 '이런 걸 생각해 봤는데 어떨까?'라는 정도로 부드럽게 제안하는 것이 좋습니다. 한 가지 방법이 아니라 여러 개의 선택지를 제안해도 좋을 것입니다. 강요가 아니라 아동의 기분을 확인하는 정도로 접근하는 것이 바람직합니다.

아동 스스로 대체 수단을 생각해 내기 어려운 경우가 많습니다. '싫다'고 한다면 강요하지 말고, 다른 수단을 제안하거나 잠시 시간을 두었다가 다시 제안해 보는 것도 좋습니다. 중요한 것은 아동 자신이 조금이라도 긍정적이고 주체적으로 임할 수 있게 되는 것입니다.

⑤ 팀으로 대응

지금까지 담임교사의 역할이 중요하다는 것을 강조해 왔지만, 담임교사 혼자서 해결하라는 것은 아닙니다. 특별지원교육과 합리적 배려는 학교 전체가 대응하는 것, 팀으로 대응하는 것이 중요합니다. 학년 회의에서 상담하거나 학년 부장 교사와 특별지원교육 코디네이터* 교사에게 상담해도 좋겠습니다. 특별지원교육의 교내위원회에서 검토받아도 좋겠지요. 상담교사도 물론 팀의 일원입니다. 충분한 소통을 통해 일반학급에서 필요한 배

---

* 일본의 교육 제도. 일반 학교에서 장애가 있는 학생이나 학습, 정서적 문제를 겪는 학생들에게 적절한 교육적 지원이 제공될 수 있도록 교사와 보호자, 외부 전문가 간의 조율과 협력을 주도함

려와 지원사항을 논의하는 것이 중요합니다. 유치원이나 학교에서 효과적인 대응 방안을 찾기 어려운 경우에는, 외부 전문가의 도움을 받는 것을 추천합니다.

3. 아동과 좋은 관계를 맺는 방법

아동과 좋은 관계를 만드는 것을 전문용어로 '라포(rapport) 형성'이라고 합니다. '담임선생님은 믿을 수 있다, 담임선생님이 나를 생각해 주고 있다, 담임선생님이 계셔서 안심이다'라고 아동이 생각할 수 있도록 관계를 만드는 것입니다. 이러한 관계는 유치원이나 학교에서 아동이 안심감을 느끼는 기반이 됩니다.

초등학교 4학년 선택적 함묵증 아동의 담임을 맡게 된 교사는 학년 초부터 라포 형성을 의도하였고 제가 학교를 방문하기 전에 다음과 같이 대응하고 있었습니다(園山, 1992).

① 대답을 필요로 하지 않는 말을 건네다('○○네', '재미있겠다' 등)

선택적 함묵증 아동은 말하는 것은 어렵지만 대화 내용은 정확하게 이해하고 있습니다. 따라서 대답을 요구하는 말은 아동의 긴장도를 높일 수 있지만, 대답을 필요로 하지 않는 말이나 선택지 제시는 '선생님이 나를 신경 써 주고 있다'는 긍정적인 감정을 갖게 합니다.

② 미션을 줘서 칭찬할 기회를 늘리다

책상을 옮기는 등 같은 반 친구들과 함께하는 간단한 미션을 부탁하여 칭찬할 기회를 의도적으로 만들고 있었습니다. 이 방법은 담임교사와의 관계 형성은 물론 같은 반 아동과의 긍정적인 관계 형성으로도 이어집니다.

③ '수업에서는 이름을 부르지 않을 테니까 답을 알면 손을 들어 주렴'

어느 정도 관계가 형성된 시점에서 교사는 아동에게 "수업에서 호명하지 않을 테니까 답을 알면 손을 들어 주렴. ○○이(가) 답을 알았는지 아닌지 알고 싶어."라고 전했다고 합니다. 이후에 그 아동은 답을 알았을 때는 손을 들었습니다. 물론 교사는 이름을 부르지 않았지만(만약 약속을 어겼다면, 관계가 파탄나거나 최악이 되어 버립니다), 아동이 손을 들면 그쪽으로 시선을 두고 바라봐 주었습니다('답을 알았구나'라는 시선). 지금까지는 답을 알았어도 호명되는 것이 두려워 손을 들 수 없었지만, 답을 알았다는 것을 손을 들어 교사에게 전할 수 있게 되었고, 또 선생님의 시선으로 인정받을 수 있게 된 것입니다. 이것은 다음에 소개할 수업 참여도를 높이는 대응이기도 하고, 그것의 기반인 담임교사와 아동의 유대감 형성이기도 했습니다.

④ 나머지 공부의 기회를 마련하다

이 아동만이 아니라 보충 학습이 필요한 아동을 불러, 짧은 시간이지만 개별적으로 공부를 가르쳤습니다. 보충의 의미뿐만 아니라 일대일의 관계 형성도 의도에 포함된 것이었습니다. 이 나머지 공부는 반 아동에게 있어서는 특별한 것이 아닌 당연한 것으로 받아들여졌습니다. 선생님의 개별 지도를 받아서 '알게 되었다'라는 긍정적인 감정이 생기는 것입니다.

⑤ 바깥 놀이 하기 숙제를 내서 특정 아동이 집에 데리러 가게 하다

이 아동만이 아니라 반 전체의 숙제로 '바깥 놀이 하기'가 주어졌습니다. '특정 아동'은 담임교사가 보기에 선택적 함묵증 아동과 관계 형성을 할 수 있을 것 같은 아동입니다. 스스로 반 친구에게 다가가지 못하는 아동에게 '바깥 놀이 하기' 숙제는 반 친구와 자연스럽게 놀 수 있는 기회가 되었습니다. 이후에 설명할 친구 관계를 원활하게 하는 대응 방법이기도 합니다.

4학년이 되어 이 교사가 담임이 된 후에, 해당 아동은 많이 바뀌었습니다. 우선 학교에 기꺼이 가게 되었습니다. 3학년까지는 가끔 미열이 나서 결석하는 일이 있었지만, 4학년이 되어서는 미열이 나는 일이 완전히 없어졌습니다. 보호자도 아이의 학교생활이 즐거워졌다며 매우 기뻐하였습니다. 이후에 제5장에서 소개할 '말할 수 있게 되기 위한 대응 방법'을 이 담임교사와 연계 협력하여 실시하였습니다. 그 과정은 그야말로 교과서적이라고 해도 될 정도로 계획대로 진행되어, 4학년 말에는 선택적 함묵증이 완전히 없어졌고, 발표회에서는 전교생 앞에서 대사를 말하고, 반 친구의 집에 놀러 가서 하룻밤 자고 올 수 있게 되었습니다.

4. 아동의 참여도를 높이는 방법

유치원이나 학교생활의 대부분은 보육 활동이나 수업, 기타 활동입니다. 게다가 그 안에는 말할 기회가 많이 있고, 선택적 함묵증 아동은 말할 수 없기 때문에 아무래도 참여도가 낮아집니다. 그러나 말할 수 없는 상황이 '어려움'이 되지 않고, 어떤 형태로든 활동이나 수업에 참여할 수 있도록 궁리하여 대응함으로써 아동은 성공 경험을 쌓을 수 있습니다.

지금부터는 활동이나 수업 참여도를 높여 성공 경험을 만들어 내기 위한 대응 방법을 소개하겠습니다. 물론 어느 아동에게나 잘 적용되는 것이라고는 할 수 없습니다. 그 아동에게 맞는 대응 방법은 실태 파악에 근거하는 것이 대전제입니다. 지금부터 저의 지원 경험 중에서 담임교사가 고민하고 대응한 사례를 중심으로 소개하겠습니다. 하지만 어디까지나 하나의 아이디어라고 생각해 주세요.

'아침 건강관찰'에서 손가락 가리키기 사인과 카드로 대답하다

매일 아침 '건강관찰'을 하는 초등학교가 많습니다. 담임교사가 한 명씩 이름을 부르고 아동들은 컨디션에 문제가 없으면 "네, 건강합니다."라고 대답하는 것입니다(다른 방식의 학교가 있을지도 모릅니다). 그러나 선택적 함묵증 아동은 이 대답을 할 수 없습니다.

초등학교 1학년 선택적 함묵증 아동의 담임교사는 컨디션이 좋을 때는 손으로 '주먹을 쥐는 사인'을 하고, 컨디션이 불안할 때는 '손바닥을 펴는 사인'으로 대답하는 아이디어를 생각해 냈습니다. 이 아이디어를 가정에서 어머니가 아동에게 제안하자, 아동이 해 보겠다고 대답하여 곧바로 실행해 보았습니다. 당일에는 교실에서 사전에 담임교사가 사인에 대해 간단히 설명했습니다. 반 친구들이 이 아동이 말할 수 없는 것을 알고 있었기 때문에 순조롭게 실행할 수 있었습니다. 아동은 손 사인으로 대답하는 것을 계속하였고 동시에 가정에서는 어머니가 교사 역할이 되어 질문하면 아동이 "네, 건강합니다."라고 말하는 연습도 하였습니다. 얼마 후에는 아동에게 말로 대답하기를 제안하였고, 아동이 수용한 후에는 학교에서도 "네, 건강합니다."라고 목소리를 내서 대답하도록 진행해 갔습니다.

이 아동의 경우는 활동(건강관찰)에 참여하지 못하고 있었지만, 손 사인을 사용하여 활동에 참여할 수 있게 되었습니다. '제대로 대답할 수 있다'는 성공 경험을 쌓을 수 있었고, 목소리를 내서 대답하는 다음 도전으로 이어갈 수 있었습니다. 손 사인 외에도 '건강합니다 카드'를 제시하는 방법도 생각할 수 있습니다. 어느 방법이든 아동이 스스로 '해 보겠다'고 마음을 먹는 것이 중요합니다.

함께 읽기(군독)

책 읽기는 초등학교에서는 자주 있는 활동입니다. 하지만 선택적 함묵증 아동은 목소리를 내서 책을 읽기가 어렵습니다. 한 담임교사는 같은 반 아동 모두가 같이 책을 읽는 '함께 읽기'를 도입하였습니다. 그 아동은 목소리를 내서 함께 읽지는 못했지만, 처음에는 속으로 함께 읽고, 얼마 지나지 않아 목소리가 나오지는 않지만 가끔 입 모양을 따라 하게(립싱크) 되었습니다.

한 담임교사는 함께 읽기 외에도 책 읽기 시험에서 친한 반 친구와 둘이 함께 읽는 것을 고안하였습니다. 아동이 혼자서는 책 읽기가 어려워,

친한 친구와 둘이 함께 책 읽기를 시작하게 하였습니다. 우선 반 친구들에게 모습이 보이지 않는 복도에서 시작하였습니다. 처음에는 목소리를 내지 못하고 친한 아동 혼자서만 읽는 상태였지만, 얼마 지나지 않아 입을 움직이고(립싱크) 점차 조금씩 목소리가 나오게 되어, 마지막에는 복도가 아닌 교실 교탁 옆에서 작은 목소리를 내어 둘이 함께 책 읽기가 가능해졌습니다.

그룹으로 노래 부르기

책 읽기와 마찬가지로 목소리를 내서 노래를 부르는 것도 선택적 함묵증 아동에게는 어려운 일입니다. 함께 읽기와 마찬가지로 반이나 그룹으로 함께 노래 부르기는 선택적 함묵증 아동도 참여하기 쉬운 활동입니다. 목소리가 나오지 않아도 그 아동은 속으로 노래를 부르고 있는 것입니다. 얼마 지나지 않아 조금 입 모양을 내거나 작은 목소리로 노래를 부를 수 있게 된 아동도 있습니다. 혼자서 노래 부르기는 장벽이 매우 높지만, 그룹으로 노래를 부르는 형식이라면 선택적 함묵증 아동도 참여할 가능성이 높습니다.

입 모양 내기

함께 읽기와 그룹으로 노래 부르기에서도 소개하였지만, 목소리가 나오지 않아도 입 모양으로 대답하는 아동도 있습니다. 이것은 아동이 의도적으로 하기도 하고, 의도하지 않아도 자연스럽게 입이 움직이는 경우도 있는 것 같습니다. 입을 움직여 입 모양을 내는 것도 그 아동이 가진 표현 수단의 한 가지로 봐 주는 것이 중요합니다.

한 유치원 원장 교사는 선택적 함묵증 아동이 난감한 모습으로 선반 앞에 서 있는 것을 보고 "무슨 일이니?"라고 물었습니다. 그러자 아동은 선반 위에 있는 마스크 상자 쪽으로 시선을 돌렸습니다. 그걸 보고 원장 교사가 "마스크?"라고 묻자, 아동이 '마스크'라고 입 모양으로 대답하였습니다. 원장 교사가 상자에서 마스크를 꺼내 건네자, 아동은 안심한 듯 자리를 떠났습니다. 원장 교사는 아동과 입 모양(립싱크)으로 처음 의사소통을 한 것이 내심 매우 기뻤습니다. 그 자리에서는 말로 표현하지 않고 방긋 웃어 준 후에 교무실에 돌아와 다른 교사들에게 아동이 처음 입 모양으로 대답해 주었다는 것을 이야기하고 함께 기뻐했다고 합니다.

이 에피소드는 무엇을 말해 줄까요? 하나는 도움을 필요로 하는 모습을 원장 교사가 놓치지 않고(평소에 아동들의 모습을 자세히 관찰함), 아동의 마음 상태(뭔가 어려움이 생김)를 헤아려 어려워하는 게 무엇인지 물어보았다는 것입니다. 목소리는 나오지 않았지만 아동은 시선과 입 모양으로 자신이 어려움에 처했다는 것과 원하는 것을 정확하게 원장 교사에게 전할 수 있었습니다. 원장 교사도 아동의 메시지에 정확하게 맞추어 대응해 주었고, 덕분에 그 아동은 성공 경험을 쌓을 수 있었던 것입니다. 게다가 입 모양으로 어려움을 해소할 수 있었기 때문에, 아동이 느끼는 유치원에서의 안심감도 더욱 커졌다고 할 수 있겠지요.

대신 읽기(대독)

선택적 함묵증 아동은 답을 알아도 목소리로 대답할 수 없기 때문에, 손을 들지 않는 경우가 많습니다. 목소리 이외의 수단으로 답을 표현할 수 있다면 손을 들 수 있을 것입니다.

한 교사는 첫 시도로 아동이 답을 노트에 적고, 그것이 정답인 것을 확인하면 옆에 앉은 아동이 대신 답을 말해 주는 것을 생각해 냈습니다. 그 아동이 목소리 내기를 어려워한다는 사실을 반 친구들이 알고 있었기 때문에, 선택적 함묵증 아동도 옆에 앉은 아동도 순순히 대신 읽기(대독)라는 방법을 받아들인 것이지요. 반 친구의 협력과 본인의 수용이 전제된다면, 대신 읽기 방법은 수업 참여도를 높일 수 있습니다. 반 친구가 아닌 교사가 대신 읽는 것도 좋습니다. 답을 대신 읽어 준다는 대응을 통해 선택적 함묵증 아동은 '나도 답을 안다'는 것을 반 친구들에게 알리는 기회가 되고, 이는 자신감 상승으로 이어집니다.

판서

답을 표현하는 방법으로 판서도 활용할 수 있습니다. 답을 칠판에 적는 것입니다. 다만, 선택적 함묵증 아동은 눈에 띄는 것을 싫어하는 경우가 많기 때문에, 판서를 위해 앞에 나와서 주목받는 것을 싫어하는 아동도 있습니다. 그래서 연구가 필요합니다.

한 교사는 답을 판서할 때 서너 명의 아동을 지명하여 함께 앞에 나와서 판서하도록 했습니다. 반 친구들의 주목도가 분산되어 선택적 함묵증 아동도 받아들이기 쉬웠던 것 같습니다.

필기 및 편리한 기기, AAC 기기의 활용

답을 표현하는 수단이나 의사소통 수단으로 필기도 효과적입니다. 앞서 설명한 대신 읽기의 예에서는 선택적 함묵증 아동이 답을 노트에 쓰는 것을 전제로 합니다. 필기가 가능한 아동이라면 노트 이외의 편리한 기구의 사용도 생각할 수 있습니다. 예를 들어, 전자메모장입니다. 여러 종류의 전자메모장이 시중에서 판매되고 있으며, 전용 스타일러스 펜으로 필기하고 필기한 내용을 버튼 하나로 지운 후 곧바로 새로운 필기를 할 수 있습니다. 답을 틀렸을 때도 바로 수정할 수 있고, 아동끼리의 토론 상황에서도 활용할 수 있습니다.

필기가 서투른 아동이나 여러 번 필요한 메시지(예를 들어, '화장실에 가고 싶어요')에는 사진 카드, 그림 카드, 글자 카드를 제시하는 AAC(Augmentative and Alternative Communication; 보완대체 의사소통 수단)를 활용할 수 있을지도 모릅니다(예를 들어, 小島·関戸, 2013). 또는 음성출력장치(VOCA) 등의 전자기기 AAC도 구어 이외의 의사소통 수단으로 활용할 수 있습니다.

어느 경우든 선택적 함묵증 아동의 수용, 보호자의 수용, 반 친구의 이해가 필요합니다.

선택지를 제시하다

필기보다 선택적 함묵증 아동에게 수고가 덜한 수단으로는 선택지에 대답하는 방법이 있습니다. 제시된 선택지에서 하나 또는 몇 개를 고르는 방법입니다. 예를 들어, 교사가 '①⋯, ②⋯, ③⋯'이라고 답에 대한 세 개의 선택지를 판서하고, 정답이라고 생각하는 번호에 손을 들게 하는 방법입니다("①이 정답이라고 생각하는 사람, 손을 들어 주세요"). 아동은 정답을 스스로 표현할 필요가 없고, 손도 여러 명이 함께 들기 때문에 주목도도 낮아집니다. 그 외에도 선택적 함묵증 아동의 활동이나 수업 참여도를 높이는 방법이 있을 것입니다. 여러 번 고민 끝에 생각해 낸 대응 방법을 실천하고 있는 교사도 있겠지요. 그 방법 중에 좋은 결과로 이어진 방법은 교사 자신의 재산이 되며, 유치원이나 학교에서 공유하는 것이 더 바람직합니다.

5. 수업 외 시간 지원하기

수업 참여도를 높이는 방법에 대해 연구한 대응 방법은 수업 이외의 활동이나 학교생활 안에서도 활용 가능합니다. 예를 들어, 당번 활동 중에 목소리를 내야 하는 상황이 있습니다. 동아리 활동, 행사, 발표회 등도 마찬가지입니다. 목소리를 내기가 어려운 경우는 목소리 대신 어떤 수단을 고안하여 참여도나 안심감을 높여야 합니다.

당번이 되었을 때는 보통 교실 앞에 나와서 정해져 있는 간단한 문구를 말할 수 있어야 합니다. 한 유치원의 5~6세 반 담임교사는 선택적 함묵증 아동이 당번이 되었을 때, 대응 방법에 대해 다양한 고민을 하였습니다. 당번의 역할은 아동 두 명이 앞으로 나와 정해진 간단한 문구를 반 전체에게 말하는 것이었습니다. 물론 그 아동은 목소리를 내서 문구를 말하지 못했습니다. 담임교사는 그 자리에서 아동의 모습을 보면서 교사가 대신 말하기, 아동과 담임교사가 함께 말하기, 당번 둘이서 함께 말하기, 당번 두 명과 담임교사가 함께 말하기, 답 등을 칠판에 적게 하기, 선택지를 주고 아동에게 고르게 하기, 당번인 다른 한 명에게 말해 달라고 부탁하기(다른 한 아동을 가볍게 톡톡 치기) 등을 실시하였습니다. 담임 및 다른 한 아동과 함께 말하는 가운데 선택적 함묵증 아동이 입 모양을 움직이게 되었습니다.

교사의 대응에 대한 아동의 모습을 들으면서, 선택적 함묵증 아동도 자기 나름대로 당번 역할을 완수하고 있고, 목소리는 나오지 않지만 마음속으로 분명히 당번이 말해야 하는 정해진 문구를 말하고 있구나라고 생각했습니다. 담임교사는 아동의 마음의 소리를 듣고 있었던 것입니다.

특히 중요한 것은 수업 중에 화장실에 가고 싶어졌을 때와 같이 생리현상으로 인한 기본적인 요구를 어떻게 교사에게 전달하느냐입니다. 반드시 교사에게 전달될 수 있는 수단이 필요합니다. 아동이 수용한다는 것을 전제로, '화장실' 카드나 '화장실에 가고 싶다' 카드를 교사에게 건네기, 손가락으로 가리키는 사인으로 전달하기 등 아동의 요구가 확실하게 전달되는 수단을 정해 둡니다. 앞에서 설명한 유치원 교사는 "화장실에 가고 싶어지면 선생님을 가볍게 톡톡 쳐 줘."라고 선택적 함묵증 아동에게 전했습니다.

선택적 함묵증 아동은 불안 때문에 혼자서 등교하기나 교실로의 등교가 어려울 수 있습니다. 보호자의 동행이 있으면 등교할 수 있는 아동의 경우에는 동행 등교(또는 하교)를 하는 것이 아동의 안심감을 높이고 학교 수업 및 활동 참여의 전제조건이 됩니다.

한 선택적 함묵증 아동은 초등학교 입학 후 얼마 지나지 않아서 학교에 가고 싶지 않다고 하였습니다. 그 아동은 어머니가 차로 학교까지 바래다주고, 학교에서는 교실이 아닌 상담실에서 담임교사와 지내도록 함으로써 등교에 대한 불안감이 사라졌습니다. 그 후 조금씩 교실에서 수업받는 시간이 늘어나고, 집합 장소까지 어머니가 동행하면 교실로 등교할 수 있게 되었습니다. 하교는 어머니가 차로 데리러 올 때 차를 세우는 장소를 교문에서 조금씩 멀리하여 혼자서 걷는 거리를 늘려 가는 스몰·스텝(small step)을 시도하는 중입니다.

한 선택적 함묵증 아동은 교실에서 급식을 먹지 못했습니다. 그래서 급식 식판을 직접 상담실로 가져가서 그곳에서 먹고 있었습니다. 신기하게도 소풍 도시락은 친한 친구와 함께 즐겁게 먹을 수 있었다고 합니다. 그래서 4학년이 되고 나서 교실 옆 빈 교실에서 상담실 교사와 둘이서 급식을 먹는 것을 어머니가 제안해 보았습니다. 그 아동이 싫다고 거부했기 때문에 강요는 하지 않았습니다. 그러나 잠시 시간을 두었다가 담임교사가 제안하자 쉽게 받아들여 옆 교실에서 급식을 먹을 수 있었고, 귀가 후에 어머니가 어땠는지를 묻자 '긴장하지 않았다'라고 대답했다고 합니다. 지금은 빈 교실에서 친한 친구 세 명과 함께 급식을 먹고 있습니다. 좀 더 후에는 교실에서 급식을 먹을 수 있도록 하기 위한 대응 방법에 대해서도 담임, 어머니, 본인과 함께 생각해 볼 계획입니다.

6. 합리적 배려도 방법이다

유치원이나 학교에서 선택적 함묵증 아동들이 안심감을 느끼고 활동 및 수업의 참여도를 높이기 위한 대응은 합리적 배려입니다. 학교 교육에서의 합리적 배려에 대해 중앙교육심의회 특별지원교육의 방향에 관한 특별위원회보고 '공생사회 형성의 통합교육 시스템 구축을 위한 특별지원교육 추진'에서는 다음과 같이 정의합니다(문부과학성, 2012).

장애가 있는 아동이 다른 아동과 평등하게 '교육을 받을 권리'를 향유 · 행사하는 것을 확보하기 위해서 '학교 설치자 및 학교가 필요한 적당한 변경 · 조정을 하는 것으로, 학교 교육을 받을 경우 장애가 있는 아동의 상황에 맞추어 개별적으로 필요로 하는 것'이며, '학교 설치자 및 학교에 대하여 체제 면, 재정 면에서 균형을 잃거나 과도한 부담을 지우지 않는 것'

문부과학성(2012). 공생사회 형성의 통합교육 시스템 구축을 위한 특별지원교육 추진(중앙교육심의회 특별지원교육의 방향에 관한 특별위원회보고) https://www.mext.go.jp/b_menu/shingi/chukyo/chukyo3/siryo/attach/1325881.htm로부터 인용

보육 활동이나 수업은 교육의 일환으로 이루어지며, 유치원이나 학교에서 목소리가 나오지 않게 되는 선택적 함묵증 아동에게는 학교 교육을 받기 위한 개별적이고 합리적인 배려가 필요하다는 내용입니다. 합리적 배려가 이루어지지 않으면, 선택적 함묵증 아동들은 수업이나 여러 활동에 충분히 참여할 수 없기 때문입니다. 게다가 지금까지 소개한 대응은 모두 체제 면이나 재정 면에서 균형을 잃거나 과도한 부담을 지우는 것은 아닙니다.

칼럼 08에서도 다루었지만, 유치원이나 학교에서 안심감을 만들어 참여도를 높이는 합리적 배려의 대응은 교사 한 사람의 책임이나 아이디어에 맡기면 되는 것이 아니라, 반드시 학교 차원에서 대응해야 합니다. 선택적 함묵증 아동의 합리적 배려를 구체적으로 검토할 때는 다카기(高木, 2017)를 참고하시기 바랍니다.

7. 아동의 마음 읽기

지금까지 유치원이나 학교에서의 대응에 대해서 '아동의 수용이 필요하다'거나, '아동의 승낙이 전제된다'는 말을 해 왔습니다. 유치원이나 학교에서 말하지 못하는 선택적 함묵증 아동의 '수용'이나 '승낙'은 어떻게 확인할 수 있을까요?

초등학생 이상 또는 유치원 5~6세 반이면 교사가 연구한 대응 방법을 구두로 설명하고, 아동은 필기나 선택 등으로 '승낙'의 여부를 나타낼 수 있을 것입니다. 또는 연락 노트나 교환 일기를 이용하여 확인하는 것도 가능하겠지요. 다만 이런 경우, 유치원이나 학교에서 교사가 눈앞에 있거나, 교사에게 답하지 않으면 안 되는 상황이 아동에게 압박을 줄 수 있기 때문에 속마음에서 우러나온 승낙이 아닐 수도 있습니다.

제가 추천하는 또 다른 방법은 가정에서 보호자가 아동에게 설명하고 아동의 의사를 확인하는 것입니다. 가정에서 보호자에게 말할 수 있는 아동이라면, 수용이나 승낙만이 아닌 제안한 방법에서 불안한 점을 이야기하거나 다른 대응 방법을 제안해 주기도 합니다.

유치원 5~6세 반에 있는 선택적 함묵증 아동은 새로운 담임교사에게 한 장의 메모장에 갓 외운 글자로 짧은 편지를 써서 전해 주었습니다. 예를 들어 이러한 내용입니다. '선생님, 제가 이번에 시민회관에서 피아노를 쳐요. 오실 수 있으면 와 주세요. 유미 올림. 5월 10일 2시 40분' 이후에도 가끔 스스로 편지(메모장)를 써서 주었습니다. 담임교사는 깜짝 놀라며 크게 기뻐하였음은 물론, 담임교사에게 어떻게든 자신의 마음을 전하려는 아동의 적극적인 모습을 보고 보호자도 성장에 놀라워했습니다.

어떠한 경우든 아동 자신이 수용하고 대응하는 것이 중요합니다. 담임교사가 좋다고 생각해서 한 일이 오히려 아동에게 상처를 주는 경우가 있기 때문입니다. 선택적 함묵증 아동 중에는 유치원이나 학교에서 목소리가 나오지 않는 것이 반 친구들에게 알려지는 걸 원치 않거나 담임교사로부터 그런 제안을 듣지 않았으면 하는 아동도 있습니다. 그래서 가능한 한 아동의 마음이나 생각을 확인하면서 대응해 가는 것이 중요합니다.

물론 이는 아동의 발달 단계에 따라 달라집니다. 저의 경험에 비추어 볼 때 이러한 확인은 유치원 5~6세 반 이상의 아동이라면 가능합니다. 이보다 어린 아동의 경우, 아동 자신이 유치원에서 말할 수 없게 된다는 자각 자체가 적은 것 같습니다. 담임교사가 그것을 직접 아동에게 말해 버리면 불필요한 압박이 될 위험이 있습니다. 그 경우에도 면담을 통해 보호자의 수용이나 승낙을 얻은 후에 대응합시다.

8. 친구 관계를 원활하게 하는 대응 방법

선택적 함묵증 아동에게 같은 반에 친한 아동이 있는 것은 유치원이나 학교생활에서의 안심감을 좌우하는 큰 요인입니다. 앞서 소개한 경험자를 대상으로 한 설문조사에서도 학교생활에서 어려움이 없었다고 응답한 사람은 친한 친구가 있어서 쉬는 시간에 놀거나 소풍 등의 행사에서도 함께 행동할 수 있어 특별히 어려웠던 점은 없었다고 응답했습니다.

저는 유치원이나 초등학교의 교원 경험은 없습니다. 그렇기에 학교에서의 친구 관계를 원활하게 하는 대응 방법을 실감 나게 소개할 수는 없습니다.

하지만 선생님들은 아동 한 명 한 명의 성격이나 친구 관계를 잘 파악하고 계실 것입니다. 선택적 함묵증 아동이 반 친구와 노는 모습에서 친구 관계를 파악하거나, 친한 아동과 둘이 있는 상황에서는 작은 목소리로 대화하는 것을 관찰할지도 모릅니다. 이러한 친구 관계를 파악해 두면, 반 배정 또는 그룹 나누기를 할 때 친한 아동을 같은 반, 같은 그룹으로 배정함으로써 선택적 함묵증 아동의 안심감을 증진할 수 있습니다.

같은 반에서 선택적 함묵증 아동이 받아들여지는 것은, 이러한 좋은 친구 관계만이 아닌 평소 수업에 참여할 수 있게 하기 위한 대응 방법과도 관련이 있습니다. 선택적 함묵증 아동이 말을 하지 못하더라도 어떠한 수단을 통해 수업에 참여하고 있는 모습을 반 친구가 실제로 봄으로써, 선택적 함묵증 아동의 특성을 자연스럽게 이해하고, 똑같이 수업에 참여한다는 것을 실감할 수 있습니다. 그리고 수업이나 활동에 참여하는 방법은 모든 아동이 같지 않고 필요한 경우에는 다른 수단이나 조정이 필요하다는 것을, 합리적 배려라는 말을 몰라도 자연스러운 형태로 받아들일 수 있습니다. 즉, 현대사회의 키워드 중 하나인 '다양성'을 아동들이 자연스럽게 경험하는 것입니다.

한편 친구 관계가 원활하지 않은 경우에는 집단 따돌림 등의 문제가 생길 수 있습니다. 집단 따돌림을 당하는 것은 안심감을 잃게 하고 불안감 가득한 학교생활이 되는 것을 의미합니다. 보호자가 그런 낌새를 눈치채면 아동에게 확인하는 것은 물론, 곧바로 담임교사와 상담하여 학교에서 어떠한 대응을 하도록 해야 합니다. 안심감은 생활의 기반입니다.

9. 가정과 학교의 연계 협력

유치원이나 학교에서 안심감을 만들고 참여도를 높이는 대응을 하는 데 담임교사와 보호자의 연계 협력이 있으면 순조롭게 진행됩니다. 원래 선택적 함묵증 아동의 행동이나 발화는 유치원, 학교에서와 가정에서 전혀 다르기 때문입니다. 그것은 조기 발견 시 중요한 사항입니다. 조기 발견 후 대응 시에도 유치원이나 학교에서 관찰한 아동의 모습만을 근거로 하는 것은 충분하지 않습니다. 선택적 함묵증 아동의 능력이나 호불호, 잘하는 것과 서투른 것을 파악하기 위해서는 가정에서의 모습을 알아야 하며, 이를 위해서라도 보호자와의 연계 협력은 중요합니다.

아동의 마음이나 생각 등을 파악하는 데도 가정에서 보호자가 아동에게 물어보는 방법이 도움이 됩니다.

더욱이 제5장에서 소개하는 '말할 수 있게 되기 위한 대응 방법'에서는 보호자의 협력이라기보다는 보호자의 주체적인 참여를 포함한 연계 협력이 필수적입니다. 따라서 학년 초의 가정방문, 학기 말의 개인 면담 외에도, 필요에 따라서 수시로 면담이나 전화, 연락 노트 등을 통해 보호자와 자주 연락하는 것이 중요합니다. 담임교사는 선택적 함묵증 아동뿐만 아니라 보호자와도 좋은 관계를 형성해야 합니다. 그러기 위해서는 담임교사가 선택적 함묵증에 대해서 올바른 지식을 가지고, 학교에서 할 수 있는 대응이 많이 있다는 것을 이해하며, 구체적인 대응 방법을 마련해 두어야 합니다. 이것이 바로 제가 이 책을 쓴 이유입니다.

점진적 노출과 자극 용암법

'노출(exposure)'은 행동요법의 기법으로 '폭로요법'으로 번역되기도 합니다. 폭로라고 하면 이해하기 어렵지만, 불안이나 공포를 느끼는 자극에 노출되는(직면하는) 것을 의미합니다. 이는 스몰·스텝으로 실시하기 때문에 '점진적'입니다. 예를 들어, 뜨거운 온천에 발을 담그면 처음에는 '뜨겁다'고 느껴도 1, 2분 지나면 기분이 좋아집니다. 뜨거움에 익숙해진 것입니다. 익숙해지면 허리까지 담그고, 이어서 어깨까지 담그면 뜨거움보다는 편안함을 느낄 것입니다. 그러나 이것은 40도의 뜨거운 물일 때입니다. 60도의 뜨거운 물이면 어떨까요? 너무 뜨거워서 곧바로 발을 뜨거운 물에서 꺼낼 것이고, 60도의 뜨거운 물에 익숙해지는 일은 없겠지요. 약간 뜨거움(불안)을 느끼더라도 조금씩 익숙해지는 것이 중요합니다.

자극 용암법(stimulus fading)은 점진적 노출(graduated exposure)을 실시하는 데 도움을 줍니다. 여기서 용암법(fading)은 '서서히'라는 의미입니다. 따라서 fading-in은 자극을 서서히 늘리고, fading-out은 자극을 서서히 제거하는 방법입니다.

선택적 함묵증에는 이렇게 적용합니다. 처음에는 불안을 느끼지 않고 말할 수 있는 상황이나 자극(가정이나 가족, 형제 등으로부터 받는 안심 자극)이 많이 있는 상황을 준비하고, 약간의 불안이나 긴장을 느끼는 상황이나 자극(교실이나 담임교사, 반 친구 등으로부터 받는 불안 자극)을 서서히 늘려 갑니다(fading-in). 그러면 불안이나 긴장을 느끼는 상황이나 자극이 조금 있더라도 안심감을 가져오는 상황이나 자극이 많이 있기 때문에 불안이나 긴장이 경감되어 아동이 이야기할 가능성이 높아집니다. 그 상황에서 말할 수 있게 된다면 안심 자극을 서서히 제거하거나(fading-out), 불안 자극을 서서히 늘려 갑니다(fading-in). 이러한 스몰·스텝을 적용하면 약간의 불안이나 긴장을 느끼던 상황이나 장면에 익숙해져서 점차 말할 수 있게 됩니다.

선택적 함묵증 아동을 위한 점진적 노출 실천 연구

CiNii나 J-STAGE에서 검색하면 유치원이나 어린이집에서 선택적 함묵증 아동을 지원한 논문은 적은 편입니다. 2018년 7월 21일에 검색한 결과, 학술논문이 5편, 학회발표논문집 게재 논문이 5편으로 나타났습니다(藤原·園山, 2019). 그중 점진적 노출(graduated exposure)과 자극 용암법(stimulus fading)을 실시한 2편을 소개합니다.

사쿠라이, 사쿠라이(桜井·桜井, 2002)는 5~6세 반 아동을 대상으로 상담실에서 대상 아동, 어머니, 담임교사가 내담하여 함께 놀이를 하였습니다. 이에 더해 유치원에서 ① 담임교사와 대상 아동이 일대일 관계를 많이 가지고, ② 가정에서 말할 수 있는 유치원의 다른 아동도 함께 말할 수 있는 상황을 설정하여, 서서히 집단 속에서 말할 수 있도록 시도하였습니다. 그 결과, 담임교사와 단둘이 있으면 작은 목소리로 조금 말할 수 있게 되었고, 담임교사 이외의 교사와 셋이 되었을 때는 속삭이는 듯한 목소리로 대답만 할 수 있게 되었으며, 친한 친구가 한 명 같이 있는 상황에서도 조금씩 말할 수 있게 되었습니다.

사와미야, 다가미(沢宮·田上, 2003)는 5세 아동을 대상으로 상담실에서 대상 아동, 어머니, 여동생이 내담하여, 여동생과 함께 놀이를 하고, 이에 더해 유치원에서 ① 하원 후에 놀이치료실에서 여동생과 놀기 → ② 보육실에서 여동생과 놀기 → ③ 보육실에서 여동생 및 친한 다른 아동 한 명과 함께 놀기 → ④ 보육실에서 친한 다른 아동 1~2명 및 담임교사와 함께 놀기 → ⑤ 학년 통합보육 시간에 '가게 놀이' 등의 대인관계 게임(주 지도자는 담임교사, 보조 지도자는 상담실 담당자)을 했습니다. 그 결과, 다른 아동이 있기 전에 담임교사가 말을 걸면 고개를 끄덕이거나 동작으로 반응하고 작은 목소리로 담임교사에게 간단히 응답하게 되었습니다. 또한 친한 친구와의 대화가 증가했고, 놀이 중 큰 목소리를 내서 한순간 표정이 굳어졌지만, 우연히 목소리가 나오는 일이 반복되었습니다. 이후 다른 아동에게도 서서히 목소리를 내게 되었으며, 일상의 놀이 상황에서도 친한 다른 아동이 말을 걸면 작은 소리로 대답하게 되었습니다.

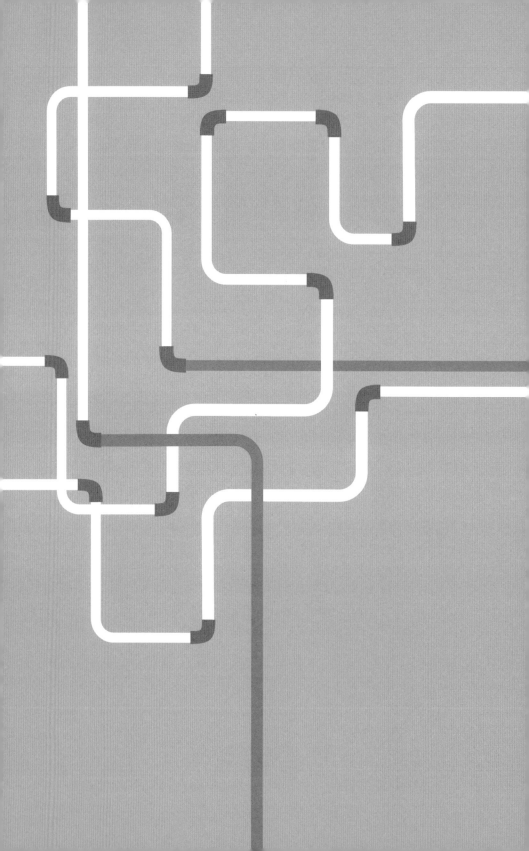

제5장

말하기로 가는 길
– 스몰·스몰·스몰·스텝

1. '스몰·스몰·스몰·스텝'이란

낮은 계단을 오르는 것처럼 말할 수 있는 사람과 상황을 조금씩 늘린다

선택적 함묵증 아동들이 말할 수 있게 되기 위한 가장 기본적인 방법은 연구적으로는 점진적 노출과 자극 용암법으로 이미 정식화되어 있습니다. 이 두 가지 방법에 대해서는 칼럼 09에서 소개하였습니다. 전문용어를 사용하지 않고 말하면 '스몰 · 스몰 · 스몰 · 스텝(small · small · small · step)'으로 조금씩 말할 수 있는 상황이나 사람을 확대해 가는 방법입니다. 이것을 이미 지화하여 그림으로 나타내면 다음 그림과 같습니다. 지금 현재 아동이 말할 수 있는 상황이나 사람에서 시작하여 작은 계단을 아동의 속도로 천천히 올라가고, 마지막에는 유치원이나 학교의 건물 안, 보육 활동, 또는 수업이나 다른 상황에서 목소리를 내서 발표할 수 있거나 교사나 반 친구들과 대화할 수 있게 되는 것입니다.

작은 계단을 오르는 것은 말할 수 있는 상황과 사람이 늘어나는 것을 의미합니다. 계단을 오를 때 가장 중요한 것은 각 계단에서 '선택적 함묵증 아동이 말하고 있다'는 것입니다. 그리고 큰 불안이나 긴장을 느끼지 않고 말하고 있다는 것이 중요합니다. 다음 스텝으로 나갈 수 있는 것은 이전 스텝에서 아동이 불안이나 긴장 없이 말할 수 있을 때입니다. 무리하게 다음 스텝을 진행하면 아동에게 불안이나 긴장을 주어 역효과가 나게 됩니다.

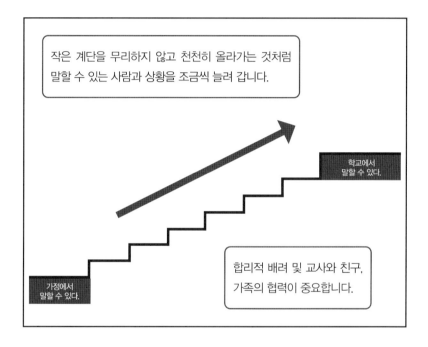

'스몰 스텝'이 아닌 '스몰 · 스몰 · 스몰 · 스텝'이 중요

저는 이 방법을 설명할 때 예전에는 '스몰 · 스텝(small step)'이라고 표현했습니다. 그러나 이 표현으로는 가장 중요한 것이 잘 전달되지 않는 것 같아서 이 책에서는 '스몰 · 스몰 · 스몰 · 스텝(small · small · small · step)'이라고 표현했습니다. '스몰 · 스텝'은 선택적 함묵증 아동이 무리하지 않고 올라갈 수 있도록, 즉 새로운 스텝에서도 말할 수 있도록 스텝을 작게 한다는 의미로, 실제로는 우리가 생각하는 것 이상으로 작은 스텝을 필요로 하는 아동도 있습니다. 이 사실을 알게 된 것은 제가 번역을 감수한 『선택적 함묵증 아동의 치료 매뉴얼』(Bergman, 2018)을 읽었을 때입니다. 115쪽의 '노출 과제의 구체적인 예'에는 '보호자와 대화할 때를 이용하여 치료사와 말하도록 하기 위한 초기 연습과제'로 다음과 같은 스텝이 소개되어 있습니다.

① 문이 닫힌 치료실에서 부모와 아동이 게임이나 책 읽기를 하며 대화한다.

② 치료사가 닫힌 문 바로 밖에 있을 때, 부모와 아동이 치료실에서 대화한다.

③ 치료사가 살짝 열린 문 바로 밖에서 양손으로 귀를 막고 눈을 감고 있을 때, 부모와 아동이 치료실에서 대화한다.

④ 치료사가 조금 더 열린 문 바로 밖에서 양손으로 귀를 막고 눈을 감고 있을 때, 부모와 아동이 치료실에서 대화한다.

⑤ 치료사가 완전히 열린 문 바로 밖에서 양손으로 귀를 막고 눈은 뜨고 있을 때, 부모와 아동이 치료실에서 대화한다.

⑥ 치료사와 보드게임이나 카드 게임을 하면서 아동이 부모에게 속삭이는 목소리로 말한다. 치료사는 아동의 속삭임에 반응하지 않고, 부모도 아동이 속삭인 말을 치료사에게 말하지 않는다(즉, 치료사는 속삭이는 소리를 '아동이 눈치채지 않게 우연히 듣는' 상태).

Bergman, L. (소노야마 시게키 번역 감수)(2018). 선택적 함묵증 아동의 치료 매뉴얼—통합적 행동 접근. 니헤이샤, p. 115에서 인용(원저: Bergman, L. (2012). *Treatment for Children With Selective Mutism: An Integrative Behavioral Approach*. New York: Oxford University Press.)

여기서 '말하는' 것은 아동입니다. 선택적 함묵증 아동이 처음으로 부모와 함께 치료실에 왔을 때 치료사는 바로 대응하지 않고 그 존재를 숨기고, 우선은 치료실에 부모와 아동만이 있게 하여 평소 가정에서와 같이 부모와 아동이 대화할 수 있는 상황을 만듭니다. 그다음 스텝은 매우 스몰·스몰·스몰이 됩니다. ②에서 치료사는 닫혀 있는 문밖에 있고 아동에게는 치료사의 모습이 전혀 보이지 않습니다. ③에서는 문이 아주 조금 열려 있고 치료사의 모습은 보일지 모르지만, 치료사가 아동을 보고 있지 않고 목소리를 듣고 있지 않다는 것을 아동이 알 수 있습니다. ④에서는 ③과 같은 상태이지만 문은 조금 더 열려 있습니다. ⑤에서는 문을 완전히 열어 두지만, 치료사가 목소리를 듣고 있지 않은 것을 아동이 알 수 있습니다. ⑥에서 드디어 치료사가 치료실에 들어가지만, 아동은 작은 목소리로 부모와 이야기하고 치료사는 그 목소리를 듣고 있지 않은 것처럼 아동의 말에 반응하지 않습니다.

이렇게 작은 스텝을 저는 생각해 본 적이 없었습니다. 이 부분을 읽고, 각 스텝에서 아동이 말하는 상태로 만드는 것이 중요한데, 이렇게 말하는 상태로 만들기 위해서는 제가 생각한 것보다 훨씬 작은 스텝이 필요한 아동이 있다는 것을 명심하게 되었습니다.

이 장에서는 먼저 스몰·스몰·스몰·스텝을 만드는 방법을 설명하겠습니다. '이 요점을 짚을 수 있다면, 필요한 스텝을 만들 수 있다'는 것입니다.

다음으로 스몰·스몰·스몰·스텝으로 말할 수 있게 되기 위한 대응 방법을 사례에 근거하여 구체적으로 소개하겠습니다. 이 사례들을 통해 점진적 노출이나 자극 용암법은 지나치게 전문적인 방법이 아닌, 유치원이나 학교에서도 대응할 수 있는 방법이라는 것을 알아주셨으면 좋겠습니다. 어쩌면 이미 같은 것을 유치원이나 학교에서 하고 있었다는 분이 계실지도 모릅니다. 그런 경우에는 지금까지 해 오신 대응이나 모색하던 것을 점진적 노출이나 자극 용암법의 관점에서 정리해 보면 좋겠습니다.

어느 사례든 제가 전문직으로서 관계하여 점진적 노출이나 자극 용암법을 기초로 다양한 아이디어를 제시하지만, 실제로 스텝을 오르는 것은 아동 자신입니다. 그리고 지금 그 아동의 상태에 근거하여 스텝을 생각하고 모색하고 실행하는 것은 아동, 보호자, 담임교사, 그 밖의 협력자(반 친구)입니다.

사례에서는 '스몰 · 스몰 · 스몰 · 스텝'에 초점을 맞추어 대상 아동에 관한 자세한 프로필은 생략하였습니다. 사례 1과 사례 2는 각각의 논문(園山, 1992, 2007)을 바탕으로 새롭게 집필한 것으로, 자세한 내용은 논문을 참고하시기 바랍니다.

2. 스몰·스몰·스몰·스텝을 만드는 법

그 스텝에서 '말할 수 있는' 것

스텝을 만들 때 가장 중요한 것은 그 스텝에서 아동이 '말할 수 있는' 것입니다. 스텝이 너무 높아 아동이 긴장하여 말할 수 없으면, 그것은 아동에게 실패를 경험하게 하는 것이 되어 버립니다. 조금 열심히 했더니 되었다(말할 수 있었다)라는 성공 경험을 하기 위해서는 스몰 · 스몰 · 스몰인 스텝이 필요합니다.

다만, 말할 수 있는 스텝이라고 생각하여 설정했는데 실제로 해 보면 말을 못하는 경우가 있습니다. 잘 안 되는 경우도 당연히 있습니다. 그래서 초등학생 이상이면 스텝을 만들 때 아동과 상담하여 "만약 어렵거나 너무 긴장되거나 말하지 못하겠으면, 좀 더 작은 스텝으로 다시 만들어 보자. 무리하지 않는 것이 중요해."라고 설명해 줍니다. 만약 그 스텝에서 말할 수 없었다고 하더라도 아동이 '때로는 실패도 있다. 또 열심히 하면 된다'고 생각할 수 있도록 하는 것이 중요합니다.

아동 자신이 '해 보겠다'고 말할 수 있는 것

초등학생 이상의 경우는 스텝을 만들 때, 아동과 함께 만들거나, 보호자가 제안하는 경우에도 아동과 상담하여 아동 자신이 '해 보겠다'고 수용하는 것이 중요합니다. 아동이 '해 보겠다'고 말할 수 있게 되기 위해서는, 아동이 그 스텝을 상상해 보고 '그럭저럭 할 수 있을 것 같다'고 생각할 수 있어야 합니다. 조금은 긴장할지 모르지만, 그럭저럭 할 수 있을 것 같다고 생각할 수 있어야 합니다. 아동이 할 수 있을 것 같다고 생각하지 않는데 보호자가 억지로 진행하는 것은 절대로 해서는 안 됩니다.

스텝 만들기와 그 스텝을 진행하는 것은 아동과 보호자의 공동 작업입니다. 처음에는 아동 자신이 스텝을 생각하는 것이 어려울 것입니다. 그래서 처음에는 보호자가 제안하게 됩니다. 이 경우에도 여러 개의 스텝 안을 제안하여 각 안의 난이도를 아동과 상담하고, 가장 하기 쉬운 것, 다음으로 하기 쉬운 것, 이렇게 순서를 매기는 것이 좋습니다. 또한 아동이 '이건 무리'라고 말할 경우 방식을 바꿔서 제안하거나 스텝이 좀 더 진행된 후에 다시 제안해 봐도 좋을 것입니다. 사례 1과 사례 2의 아동은 담임교사가 처음으로 자신의 목소리를 듣게 되는 스텝(국어 교과서를 한 줄 읽는다)에 대해서 거부하지는 않았습니다. 그러나 사례 3에서는 그 스텝을 제안했을 때 강한 거부감을 내비쳤습니다. 그래서 어머니가 인터폰 너머로 '네'라고 말하는 스텝으로 바꿔서 제안하자 아동은 '해 보겠다'고 대답했습니다.

유치원 연령의 아동, 특히 3~5세 아동의 경우는 아동과 상담하면서 스텝을 만들기보다는 자연스러운 형태로 스텝을 만들거나 일상생활을 이용한 스텝을 생각하는 것이 좋습니다. 아무도 없는 교실에 보호자와 함께 들어가 게시물에 대한 이야기를 하고, 거기에 담임교사가 잠깐 들어가 보고, 유치원 건물 바로 밖에서 부모와 아동이 이야기해 보는 것 등이 있습니다.

안심 자극과 불안 자극을 잘 조정하다

이것은 칼럼 09에서 소개한 자극 용암법을 기반으로 스텝을 만들 때의 요령입니다. 안심 자극이라고 하는 것은 그 자극(사람이나 상황이나 활동)이 있으면 말하기 쉬워지는 것이고, 불안 자극이라고 하는 것은 그 자극(사람이나 상황이나 활동)이 있는 곳에서는 말할 수 없게 될 가능성이 큰 것입니다. 소개한 사례에서는 안심 자극은 모두 가정이나 어머니나 친한 반 친구 등이었습니다. 불안 자극에는 교실, 담임교사, 반 친구 등이 포함됩니다. 중요한 것은 큰 안심 자극이 있는 상황에 작은 불안 자극이 있어도 안심감이 이긴다는 것입니다. 예를 들어, 밤 어두운 길(불안 자극)에서도 가족이나 친구와 함께라면(안심 자극), 불안감보다 안심감 쪽이 이길 것입니다. 또한 함께 노래를 부르거나 수다를 떨면서 걸어도 안심감이 커집니다.

겉으로 보이는 모습(말하는 것)만이 아니라 내면(불안이나 긴장)을 보다

계획한 스텝에서 아동이 말할 수 있었다 하더라도 말하고 있을 때 아동이 느낀 불안감이나 긴장감을 확인하고 다음 스텝으로 넘어가야 합니다. 아동이 불안이나 긴장을 전혀 느끼지 않았거나 조금 긴장했어도 무리 없이 말할 수 있었다면 다음 스텝으로 진행해도 좋습니다. 사례 3에서는 불안이나 긴장의 정도를 확인하기 위해 '0: 불안이나 긴장 없음~4: 매우 불안·긴장함'의 5단계로 아동 자신에게 확인하게 하였습니다. 스스로 기록하는 것이 어려운 유치원 연령의 아동이라면 보호자가 아동의 표정이나 신체의 긴장도를 관찰하거나 목소리 크기를 확인하거나 본인에게 "어땠니? 긴장되었어?"라고 물어봐도 좋을 것입니다.

담임교사 및 반 친구의 협력

소개한 사례에서는 모두 담임교사의 협력이 있었습니다. 유치원이나 학교에서 안심감을 만들어 활동이나 수업 참여도를 높이는 대응은 담임교사밖에 할 수 없지만, 말할 수 있게 되기 위한 대응에서도 담임교사의 협력이 필수적입니다. 스텝의 어딘가에서 담임교사가 선택적 함묵증 아동의 목소리를 들을 수 있는 기회, 또는 자연스럽게 들리는 것과 같은 기회를 만드는 것은, 그 이후의 스텝으로 나아가는 데 필수적입니다. '담임교사가 절대로 목소리를 듣게 하고 싶지 않다'라고 하는 아동도 있습니다. 그래서 여러 가지 궁리가 필요합니다. 아무도 없는 교실에서 아동이 보호자와 말할 수 있게 되면 담임교사에게 복도를 걸어 달라고 하거나, 1초만 교실 안쪽으로 눈을 돌려 달라고 하거나, 또는 복도에서 "안녕하세요."라고 말을 한마디

해 달라고 하는 등의 스텝이 필요할지도 모릅니다.

반 친구의 협력도 중요합니다. 친한 반 친구를 교실이나 가정에 오게 하고, 필요에 따라서 보호자가 동석하여 놀거나 좋아하는 것을 함께하는 기회가 스텝이 됩니다. 이 경우 반 친구는 물론 반 친구의 보호자에게도 협력을 부탁해야 합니다.

유치원이나 학교 상황에서만이 아니라 일반 상황도 이용한다

스텝은 유치원이나 학교 상황, 담임교사나 반 친구가 참여한 상황으로 한정되지 않습니다. 일상의 상황을 이용한 스텝 만들기도 할 수 있습니다. 사례 1에서는 도서관을 이용하여 담당자에게 '부탁드립니다'라고 말하고 책을 빌리는 스텝을 설정하였습니다. 이후에 아동은 혼자 어머니의 생일 선물을 사러 가서 점원에게 선물용 포장을 부탁할 수 있게 되었습니다. 사례 3의 남자아이는 형이 야구팀에 속해 있었기 때문에 토, 일요일 연습이나 시합에 응원하러 가는 상황을 스텝으로 설정하였습니다. 예를 들어, '집합 장소에 가면 다른 보호자 한 명에게 "안녕하세요"라고 인사한다', '돌아올 때까지 다른 보호자 세 명에게 인사한다'와 같은 스텝입니다.

이러한 일상의 상황을 이용한 스텝이 반드시 학교 상황에서의 발화로 이어지는 것은 아닐지도 모르지만, '경험을 쌓는다'는 장점이 있습니다. 즉, 말할 수 있는 상황이나 사람을 늘림으로써 아동의 자신감으로 이어지는 것입니다.

3. 교육센터와 학교의 협력(사례 1)

　대상자는 초등학교 2학년 말에 교육센터의 교육상담실에 내담한 수미로, 제가 담당 상담원으로 지원했던 사례입니다. 첫 번째 내담일에 수미는 어머니, 남동생과 함께 센터에 왔습니다. 곧바로 장난감 창고에 가면, 제가 있어도 남동생과 이야기하였습니다. 창고에서 좋아하는 장난감을 골라서 가지고 들어간 놀이치료실에서도 어머니, 남동생, 저와 대화가 가능했습니다. 여기서 소개하는 것은 초등학교 4학년 때의 대응 방법입니다. 그야말로 교과서에 쓰여 있듯이 점진적 노출과 자극 용암법이 계획대로 진행되었습니다. 다음에서는 점진적 노출의 실제, 그 관련 사항 및 수미의 반응을 정리했습니다.

　(5월) 4학년이 되자 담임교사가 바뀌어 저는 학교에서 담임교사와 면담하고, 학교에서의 수미의 모습을 청취하면서 학교와의 연계 협력을 부탁하였습니다. 담임교사는 4월부터 대상 아동의 담임을 맡은 지 얼마 지나지 않았지만, 86쪽의 '아동과 좋은 관계를 맺는 방법'에서 소개한 내용이 이 교사가 실천한 대응 방법입니다. 다시 말씀드리지만 수미와의 신뢰 관계를 구축하거나 수업 참여도를 높이기 위해서 이미 다음과 같은 대응을 실행하고 있었습니다.

① 대답하지 않아도 되는 말을 건넨다('○○네', '재미있을 것 같네' 등).
② 미션을 부탁하여 칭찬할 기회를 늘린다.
③ "수업에서 지명하지 않을 테니까 답을 알면 손을 들어 줘."라고 대상 아동에게 전한다.

④ 나머지 공부의 기회를 설정하여 개별적인 관계를 맺는 기회로 삼는다.

⑤ 바깥 놀이 숙제를 내주고 특정 아동이 집으로 데리러 가게 한다.

(6월 ①) 제가 동행하여 센터에서 가까운 도서관에서 책 빌리기를 시도하였습니다. 도서관에 가기 전에 센터에서 저와 수미는 책 빌리는 방법을 확인하였습니다. 그때 수미가 '해 보겠다'고 의욕을 보였기 때문에 시도한 것입니다. 수미는 담당자에게 책을 내밀고 "부탁합니다."라고 작은 목소리로 말할 수 있었습니다. 저는 2미터 정도 떨어진 장소에서 상황을 지켜봤습니다. 수미는 아는 아동이 없는지 주위를 신경 쓰는 눈치였지만 담당 직원과 짧은 대화를 나눈 뒤 책을 빌릴 수 있었고, 그 이후에 혼자서도 도서관에서 책을 빌릴 수 있게 되었습니다.

(6월 ②) 여름방학에 담임교사에게 센터로 와 달라고 하여 놀이치료실에서 제가 동석한 가운데 담임교사와 수미가 만나는 것에 대해, 수미와 의논하였습니다. 이것은 다음 스텝에 대해 수미가 이미지를 갖게 하기 위함입니다. 수미는 오히려 기대하는 모습이었습니다.

(7월 ①) 상담원과 직원이 20명 정도 있는 상담원실에 수미가 처음으로 들어와 제 자리에서 다음 일정을 정했습니다. 상담원실에 들어올 때 수미는 조금 주저하는 모습을 보였지만 저에게 먼저 말을 걸 수 있었습니다. 그리고 두 번째 이후부터는 주저 없이 상담원실에 들어올 수 있게 되었습니다. 이것은 놀이치료실 이외에 수미와 제가 대화가 가능한 센터 내의 다른 장소를 이용한 방법입니다.

(7월 ②) 8월에 센터에서 담임교사와 만날 때의 계획(일시, 할 일, 걱정되는 것)을 수미와 둘이서 구체적으로 의논하였습니다. 국어 교과서의 읽을 부분

(○쪽 ○번째 줄)이나 함께할 게임도 정했습니다. 이 계획에 대해서 제가 담임 교사에게 사전에 전화로 전달하고, 이 시도의 목적이나 칭찬 방법(책 읽기가 가능하면 짧게 칭찬해 주기 등)에 대하여 협의하였습니다.

(8월 ①) 센터의 놀이치료실에서 제가 동석한 가운데 수미는 담임교사 앞에서 책을 읽고 게임과 대화를 했습니다. 수미는 조금 긴장한 표정이었 지만 순조롭게 책을 읽고, 담임교사의 질문에도 작은 목소리로 대답할 수 있었습니다. 이때 담임교사는 처음으로 수미의 목소리를 들을 수 있었습 니다.

(8월 ②) 초등학교의 아무도 없는 교실에서 제가 동석한 가운데 수미는 담임교사와 게임, 대화를 했습니다. 수미는 긴장하지 않고 담임교사와 대 화도 할 수 있었습니다.

(8월 ③) 초등학교의 아무도 없는 교실에서 제가 동석하지 않고 담임교 사와 수미 둘이서 도시락을 먹었으며 특별히 긴장하지 않고 대화를 나누었 습니다.

(8월 ④) 담임교사가 수미의 집을 방문하여 현관에서 수미와 애완동물 등에 대해 이야기했습니다. 이 계획은 담임교사가 낸 아이디어로 수미도 동의한 것입니다.

(8월 ⑤) 9월의 이른 시기에 학교 수업에서 발표하는 것에 대해 수미와 의논하였습니다. 수미는 답의 숫자를 말하기만 하면 되는 수학 수업을 희 망하였고, 수학 시간에 지명되어 목소리를 내서 답을 말하기 위한 예정표 를 함께 작성했습니다. 예정표에는 수미가 대답한 후에 반 친구들이 웅성 거리지 않도록 담임교사가 간단하게 설명하는 등의 내용도 기입하고, 제가 담임교사에게 우편과 전화로 설명하고 협의하였습니다.

(9월) 드디어 수업에서 목소리를 내는 것에 도전하였습니다. 예정일의 수학 수업에서 수미는 손을 들었고, 담임교사가 지명하자 수미는 목소리를 내서 답을 말할 수 있었습니다. 수미의 답은 담임교사에게는 들리지 않았지만, 옆에 앉은 아동이 "수미가 말했어요."라고 담임교사에게 알려 주어서 알았습니다. 그 후 담임교사는 "수미는 지금까지 학교에서 목소리가 나오지 않았지만, 조금씩 목소리가 나오도록 연습하고 있습니다. 여러분도 지켜봐 주세요."와 같은 설명을 하였습니다. 수미는 아침부터 두근두근했다고 하였지만, 작은 목소리로 대답할 수 있었습니다. 그 후에는 수학 수업에서 손을 들고 대답할 수 있게 되었고, 점차 목소리도 커져서 쉬는 시간에는 반 친구와 말할 수 있게 되었습니다.

(10월) 국어 수업에서 담임교사에게 지명되어 교과서를 읽는 계획을 수미와 함께 세우고, 그 계획을 담임교사에게 전달하여 실행하였습니다. 수미는 긴장하지 않고 읽을 수 있었습니다.

(10월 이후의 모습) 10월에는 수학, 국어 이외의 수업에서도 발표할 수 있게 되었고, 11월에는 반 친구와의 대화도 보통 크기의 목소리로 할 수 있게 되었습니다. 12월 발표회에서는 수미가 스스로 배역을 희망하였고, 발표회 당일에 같은 학년 아동 전체 앞에서 짧은 대사를 말할 수 있었습니다. 하교 후에는 가끔 반 친구와 약속하여 놀러 나가게 되었습니다.

4학년 말에 상담은 종결되었으나, 5학년이 되어 담임교사가 바뀔 때는 이전 담임교사로부터 충분히 인수인계하여 봄방학 중에 두 담임교사와 수미가 학교에서 만나 얼굴을 마주하였습니다. 5학년 4월 이후에도 순조로운 학교생활이 이어지고, 귀가 후에도 반 친구와 자주 놀러 나갔으며, 여름방학에는 수미 혼자서 그 친구 집에 가서 자고 올 수 있게 되었습니다.

4. 어머니·담임교사·특별지원교육 전문가의 팀워크(사례 2)

대상 아동은 초등학교 1학년 도윤이로, 특별지원교육 코디네이터 교사가 저의 공개강좌를 수강한 것이 계기가 되어 2학기부터 지원하기 시작한 사례입니다. 기본적인 틀은 원칙적으로 월 1회, 어머니, 담임교사, 특별지원교육 코디네이터 세 사람이 대학의 교육상담실에 내담하여 학교와 가정에서의 도윤이의 모습을 확인하고, 다음 한 달간의 대응에 대해 의논하는 상담(consultation)이었습니다. 다음에서는 1학년과 2학년 때 실시한 점진적 노출과 안심감 및 참여도를 높이기 위한 대응, 이에 따른 도윤이의 변화를 소개하겠습니다.

(9월의 모습) 도윤이는 가창이나 소리 내어 읽기(음독)에서는 다른 아동과 함께 입을 움직이지만 목소리는 나오지 않았습니다. 계산의 답은 손가락을 수만큼 펴서 답하거나 노트에 적은 답을 반 친구나 담임교사가 대신 읽어 주었습니다.

(10월) 자리를 바꿀 때 가장 친한 시우를 옆자리로 배치하고, 두 번째로 친한 윤호를 앞자리로 배치하였습니다. 도윤이의 표정은 한층 좋아져 급식시간에 같은 반 다른 아동에게도 들리는 목소리로 함께 "잘 먹었습니다."라고 말할 수 있게 되었습니다. 또한 놀이 중에 '와~', '꺄악~' 등 자연스러운 발성이 나오게 되었습니다.

(12월) 담임교사가 가정방문을 하여 현관에서 어머니가 그 자리에 있고 도윤이는 국어 교과서의 한 문장을 작은 목소리로 읽었습니다. 사전에 어머니로부터 도윤이에게 이 방법을 제안했을 때, '해 보겠다'고 수용하였기에 실시한 것입니다(이후에 시도한 대부분의 것은 가정에서 어머니가 도윤이에게 제안하고, 필요

에 따라서 수정하여 도윤이가 수용한 후 실시하였습니다).

(1월 ①) 12월과 같은 방법을 시도하였습니다. 그러나 도윤이는 처음 현관에서 책을 읽지 못해, 현관과 거실의 문을 닫고 문 너머에서 어머니와 함께 교과서의 한 문장을 읽었습니다. 그 후에 현관에 나와 어머니가 동석한 가운데 담임교사 앞에서 교과서 두 쪽을 읽을 수 있었습니다.

(1월 ②) 하순에는 방과 후 아무도 없는 교실에서 시우와 어머니와 담임교사가 있는 상황에서 간단한 대화를 할 기회를 만들었습니다. 도윤이는 게시물 등에 관한 간단한 대화를 할 수 있었고, 담임교사에게 "안녕히 가세요."라고 인사할 수 있었으며, 나아가 현관에서 우연히 만난 코디네이터 교사에게도 어머니의 촉구(prompt)에 의해 "안녕히 가세요."라고 인사할 수 있었습니다.

(2월 ①) 방과 후 아무도 없는 교실에서 어머니가 동석한 가운데 담임교사 앞에서 국어 교과서를 소리 내어 읽는 기회를 만들었습니다. 1월과는 다른 단원을 원활하게 읽을 수 있었습니다.

(2월 ②) 방과 후 아무도 없는 교실에서 어머니가 도중에 복도로 나가고 담임교사 앞에서 국어 교과서를 소리 내어 읽는 기회를 만들었습니다. 도윤이는 복도에 있는 어머니의 모습을 확인한 후 8쪽 분량을 소리 내어 읽을 수 있었습니다. 그 무렵에는 쉬는 시간에 반 친구와의 자연스러운 대화도 늘었습니다(예를 들어, 다른 아동에게 '싫어'라고 대답한다).

(2월 ③) 방과 후 아무도 없는 교실에서 시우 외에 윤호도 같이 어머니, 담임교사와 대화할 기회를 만들었습니다. 도윤이는 어머니의 촉구에 의해 '사탕'이라고 대답할 수 있었지만, 그다지 말할 수 있을 것 같지 않은 모습이었습니다.

(2월 ④) 담임교사가 의도적으로 시우, 윤호 및 다른 아동 한 명과 함께 옆 교실에서 점토 놀이를 할 기회를 만들었습니다. 다른 아동이 "'아'라고 말해 봐."라고 하자 도윤이는 '아'라고 대답하거나, "'연필'이라고 말해 봐." 라고 하자 '연필'이라고 대답할 수 있었습니다.

(2학년: 담임교사 교체)

(4월) 하순에 새로운 담임교사가 정기 가정방문을 했을 때, 도윤이는 "안녕하세요.", "안녕히 가세요."라고 인사할 수 있었습니다.

(5월 ①) 국어 교과서 읽기 시험을 시우, 윤호와 함께 복도에서 볼 기회를 만들었습니다. 도윤이는 첫 두 줄 정도를 함께 목소리를 내서 읽을 수 있었습니다.

(5월 ②) (1학년 1월부터 손으로 주먹 사인을 만들어 대답하기로 했었다.) 건강관찰 시에 주먹 사인과 함께 입도 움직이도록 담임교사가 이야기하였더니, 도윤이는 그날 이후 주먹 사인과 함께 입도 움직이게 되었습니다.

(6월 ①) 방과 후 아무도 없는 교실에서 어머니가 동석한 가운데 담임교사와 대화할 기회를 2회기 설정하였습니다. 이때 건강관찰 시 "네, 건강합니다."라고 말하는 연습도 하였습니다. 1회기에 도윤이는 고개를 조금 옆으로 돌려 작은 목소리로 대화하였고 "네, 건강합니다."도 말할 수 있었습니다. 2회기에는 담임교사 쪽을 향해 1회기보다 큰 목소리로 대화하고 "네, 건강합니다."도 말할 수 있었습니다.

(6월 ②) 방과 후 아무도 없는 교실에서 어머니가 도중에 복도로 나가고 담임교사와 대화하며 "네, 건강합니다."라고 말하는 연습 기회를 만들었습니다. 도윤이는 어머니가 복도에 나간 후에도 큰 목소리로 "네, 건강합니다."라고 말할 수 있었습니다. 6월 하순부터 건강관찰 시 "네, 건강합니다."

라고 말할 수 있게 되었습니다(그 후, 7월 15일 이후는 반 전체가 들리는 목소리로 말할 수 있게 되었습니다).

(7월 ①) 노트에 적은 것을 발표할 때, 옆자리 아동과 함께 읽게 하자 그 아동과 함께 목소리를 내서 읽을 수 있었습니다.

(7월 ②) 방과 후 아무도 없는 교실에서 어머니와 담임교사가 동석한 가운데 윤호와 다른 남자 친구 두 명과 함께 조회, 국어 읽기 시험, 종례를 연습하는 기회를 만들었습니다. 모든 설정에서 도윤이는 목소리를 내서 연습할 수 있었습니다. 어머니가 복도로 나간 후에도 다른 아동과 대화했습니다.

(7월 ③) 국어 읽기 시험에서 담임교사가 처음 부분을 함께 읽으면, 그 후에는 도윤이 혼자서 소리 내어 읽을 수 있었습니다. 그 무렵 청소 당번을 다른 아동과 함께하고 대화도 할 수 있었습니다.

(8월) 여름방학 중에 시우, 윤호, 어머니와 함께 수영장 등에 갈 때는 평범하게 대화할 수 있었습니다.

(9월) 2학기가 되어서는 교실에서도 큰 목소리로 "네, 건강합니다."라고 말할 수 있게 되었고, 반 친구와 함께 당번이나 알림 담당으로 간단히 말할 수 있게 되었습니다. 다른 아동의 귓가에 "미안해."라고 말하거나 조금 떨어진 거리에서 "○○야(아), 여기."라고 말하기도 하였습니다.

(10월 · 11월) 담임교사의 아이디어로 '노력했어요 스티커'를 이용하였습니다. 큰 목소리로 건강관찰이나 역할 담당에서 말할 수 있으면 스티커를 붙이고, 다섯 장을 붙이면 도윤이가 좋아하는 캐릭터 스티커를 주었습니다. 그 결과, 11월 중순 이후 서서히 반 전체에 들리는 목소리로 말할 수 있게 되었습니다. 그룹으로 읽기(군독)를 할 때도 목소리를 내서 읽을 수 있었습니다. 국어 읽기 시험은 다른 아동과 번갈아 읽는 형태로 주위 아동에

게 들리는 정도의 목소리로 읽을 수 있게 되었습니다.

(12월) 수업 중에 다른 아동과 수다를 떨다가 담임교사에게 주의를 받는 일이 있었습니다.

(담임교사가 바뀐 3학년 1학기 모습) 새로운 담임교사에게도 "안녕하세요."라고 인사를 할 수 있었습니다. 5월에는 담임교사의 귓가에 "화장실에 가도 될까요?"라고 말할 수 있었고, 6월에는 소풍 버스 안에서 옆자리 아동과 함께 마이크로 노래를 불렀습니다. 목소리는 대부분 작았지만, 수업에서의 발표나 소리 내서 읽기는 잘할 수 있게 되었습니다.

5. 원격으로 이어 가는 지원의 끈(사례 3)

이 사례는 거리가 멀어 내담이 어려웠기 때문에 어머니에게 주로 이메일을 사용하여 원격으로 상담을 실시한 사례입니다. 원격이라 하더라도 스몰·스몰·스몰·스텝을 이용하여 말할 수 있게 되기 위한 지원은 할 수 있습니다.

대상 아동은 초등학교 3학년 서혁이로 유치원 4~5세 반일 때 입원을 계기로 선택적 함묵증이 시작되었습니다.

〈상담 체제 만들기〉

원격 상담을 받는 것, 담임교사가 협력해 주었으면 하는 것, 학교 교실 등을 이용하게 해 주었으면 하는 것 등에 대해 어머니가 담임교사와 상담하였습니다. 담임교사는 교장 선생님의 승낙을 얻어 적극적으로 협력하고 싶다고 하였습니다. 그래서 6월 말과 7월 말에 초등학교에서 어머니와 담임교사가 동석한 가운데 저와 온라인으로 면담하였습니다. 면담에서는 서혁이의 지금까지의 경과와 학교에서의 모습을 세 사람이 확인하였습니다. 또한 상담 진행 방법(어머니가 작성한 노출 과제의 초안을 이메일로 저에게 보내고, 제가 조언을 적어 회신하고, 어머니가 수정안을 저에게 회신한 후에 서혁이에게 제안·확인하고 나서 과제를 실시한다. 교실을 이용한 과제나 학교에서의 배려에 대해서는 담임교사가 협력한다) 및 지원의 기본 방침(스몰·스몰·스몰·스텝과 학교에서의 안심감·참여도를 높인다)을 제가 설명하고 세 사람이 확인하였습니다. 어머니에게는 Bergman(2018)을 읽게 하였고, 이 책에 소개된 가정이나 학교를 활용한 점진적 노출을 참고하도록 하였습니다.

다음에서는 지원 초기(3학년 때)에 실시한 친한 반 친구 또는 담임교사와 교실에서 말할 수 있게 되기 위한 스텝과 대응 방법을 소개하겠습니다. ' '는 노출 스텝으로 설정한 과제, →는 과제에 대한 서혁이의 수행 상황입니다. [　]는 [긴장도/발화도]로 Bergman(2018)을 참고로 하여 과제를 실시한 후에 서혁이 스스로가 긴장도(0: 긴장 없음 ~ 4: 매우 긴장)와 발화도(0: 보통으로 말했다 ~ 4: 목소리가 안 나왔다)를 기록하게 한 것입니다.

(7월 ①) '방과 후 아무도 없는 교실에서 서혁이와 가장 친한 민혁이 둘이서 그림책을 본다. 가능하면 목소리를 내서 읽어 본다.' → 서혁이는 그림책을 묵독하고 있었지만 민혁이가 질문하면 대답하고 있었습니다. [0/3]

(7월 ②) '집에서 서혁이, 민혁이, 태호 셋이서 논다.' → 민혁이와 태호는 말하고 있었지만, 서혁이는 혼자서 게임했다.

(7월 ②에 이어서 곧바로 실시) '방과 후 아무도 없는 교실에서 서혁이, 어머니, 민혁이 셋이서 끝말잇기를 한다.' → 속삭이는 목소리가 점점 보통에 가까운 목소리가 되고 말수도 늘어 즐길 수 있었습니다. [0/1]

(8월 ①) '방과 후 아무도 없는 교실에서 서혁이와 민혁이 둘이서 좋아

하는 책을 한 문장씩 차례로 읽는다. 어머니도 동석' → 큰 목소리는 아니었지만 자연스러운 느낌으로 읽을 수 있었습니다. 조금 잡담도 하였습니다. [0/0]

(8월 ②) '방과 후 아무도 없는 교실에서 서혁이, 민혁이, 태호 셋이서 끝말잇기를 한다.' → 교실에 갔지만 끝말잇기를 싫어해서 아무것도 할 수 없었습니다. [없음]

(9월) 어머니와 서혁이 둘이서 '대화 사다리'를 만들었습니다.

(9월 ①) '방과 후 아무도 없는 교실에서 서혁이와 민혁이 둘이서 책을 읽는다. 태호는 복도에 있다. 문과 창문은 닫은 채로.' → 책 읽기는 할 수 있었지만 목소리는 작았던 것 같습니다. [2/1]

(10월) 서혁이는 학교에서도 민혁이와 말할 수 있게 되었습니다.

(10월 ①) '담임교사가 집의 인터폰을 누르고 서혁이가 "네."라고 대답한다.' → 자발적으로 대답할 수 있었습니다. 어머니의 촉구로 "안녕하세요.", "안녕히 가세요."라고도 말할 수 있었습니다. [1/0]

(11월 ①) '담임교사가 전화를 걸어 서혁이와 간단한 대화를 한다. 건강 관찰 연습을 한다.' → 간단한 대화와 연습을 할 수 있었습니다. [1/1]

(11월 ②) '담임교사가 집에 방문하여 현관에서 서혁이와 간단한 대화를 한다.' → 학교에 관한 일에 대해 대화할 수 있었습니다. [1/2]

(1월 ①) '방과 후 아무도 없는 교실에서 서혁이, 담임교사, 민혁이, 태호, 기현, 어머니가 국어 교과서를 소리 내어 읽기, 영어로 수 세기 등을 한다.' → 즐거운 듯이 장난치면서 할 수 있었습니다. [0/1] (이날 영어 수업에서는 짝을 이루어 주고받기를 담임교사와 할 수 있었다고 합니다.)

(2월 상황) 6학년 송년회에서는 연극의 대사를 말하지 못하고, 다른 아

동이 대신 말해 주었지만, 노래를 할 때는 입을 움직이고 동작도 할 수 있었으며 표정도 생글거렸습니다. 반 친구와의 대화에 대해 서혁이에게 자기평가를 하게 하였더니 평범하게 말할 수 있는 친구가 7명(남자), 가끔 말할 수 있는 친구가 5명(남자), 말할 수 없는 친구가 13명(남자 1명, 여자 12명)이었습니다. 옆자리의 민혁이와는 수업 중에도 작은 목소리로 자주 이야기하는 것 같습니다. 체육이나 학급 활동 등에서는 친한 반 친구와 대화도 자주 하는 것 같은데, 국어 소리 내어 읽기는 아직 하지 못합니다(국어 소리 내어 읽기에 대해서는 4학년 6월부터 방과 후 교실을 이용한 스텝을 실시하였습니다. 말할 수 있는 반 친구 4명과 새로운 담임교사도 함께 게임 등도 섞어 가면서 소리 내어 읽기의 기회를 설정하였습니다. 작은 목소리이지만 담임교사에게 들릴 정도의 목소리로 소리 내어 읽기를 할 수 있게 되었습니다).

6. 어머니의 기록과 유치원의 연계 협력(사례 4)

지금까지는 초등학생의 사례였지만, 여기서는 유치원과 연계 협력하여 대응한 사례를 소개하겠습니다. 대상 아동은 2~3세 반에 다니는 서연이로, 3~4세 반이 되기 전 1월부터 상담 지원을 시작하였습니다. 원칙적으로 월 1회 어머니가 대학의 교육상담실에 내담(가끔은 이메일이나 전화)하고 어머니를 통해 유치원이나 가정에서의 대응에 대해 조언하였습니다.

서연이는 유치원에 입학하기 전부터 가정에서 가족과 있는 상황 이외에는 말하지 않았고(예를 들어, 어머니의 친구가 있는 상황에서는 말할 수 없었다), 학원에 가도 말하지 않기 때문에 지인으로부터 선택적 함묵증이 아니냐는 이야기를 들었습니다. 그래서 유치원 입학 즈음하여 어머니는 원장 선생님에게 이러한 서연이의 모습을 전하였고, 유치원도 적극적으로 협력하겠다고 했습니다. 담임교사는 유치원에서 안심하고 생활할 수 있도록 2~3세 반에서도 여러 가지를 배려하였습니다. 예를 들어, 서연이에게 "화장실에 가고 싶어지면 선생님 어깨를 톡톡 치렴."이라고 전하거나, 손가락으로 선택지를 만들어 선택하게 하였습니다["이것(검지)은 ○○, 이것(중지)은 △△, 이것(약지)은 □□, 어느 것이 좋아?"]. 이러한 대응 방법은 구어 이외의 수단을 사용함으로써 안심감이나 활동 참여도를 높이는 대응입니다.

다음에서는 어머니에게 기록하도록 요청하여 내담 시에 내용을 함께 확인하는 '기록표'와 그 활용에 대해 소개하겠습니다. 기록표는 '번호', '날짜', '사람', '장소', '아동의 모습', '기타' 란으로 되어 있는 간단한 표입니다. 내담까지의 한 달간, 가정, 유치원, 그 밖의 장소에서 어머니가 관찰하거나 궁리하여 대응한 것, 유치원에서의 모습에 대해 담임교사로부터 들은 것 등을 기입하도록 하였습니다. 내담 시에는 기록 내용을 하나하나 저와 어머니가 확인하고 각 일의 의의와 좀 더 궁리해서 대응해야 할 것에 대해 논의했습니다.

〈기록 1: 유치원 이외의 장소에서 반 친구에게 발화〉

(2월 * 일) 엄마, 예리/차 안/체조 교실에 데려다주는 차 안/단짝 예리와 처음으로 차에 탄 것이 기뻤는지 어머니의 질문에 두 마디 대답하였음('키홀더', '아니야'). 예리는 서연이가 말한 것을 기뻐했음/사촌 이외의 아동에게 처음으로 말했음

(7월 * 일) 엄마, 서아, 서아네 어머니/키즈카페/놀고 있을 때/체조 교실이 끝났을 때, 서아와 어머니가 있는 옆에서 서연이가 "서아랑 어딘가 가고

싶어."라고 말함. 키즈카페에서 서아와 소꿉놀이를 하면서 "이 전자레인지, 유치원이랑 똑같아."라고 엄마에게 말함. 끝날 무렵 셋이서 함께 노래를 불렀음/가성은 보통보다는 작지만 서아에게도 들렸음

(7월 *일) 엄마, 서아와 서아네 어머니/유치원 주차장/마중/(유치원에서 강가로 놀러간 날) 엄마가 서연이에게 "강가는 어땠어?"라고 묻자 얼어붙는 듯한 제스처를 하면서 "시청에 갔어요. 온천에 들어갔어요."라고 엄마에게 작은 목소리로 말함/근처에 있던 서아와 어머니에게도 들렸음

(8월 *일) 서아/강/강놀이/서아가 "깊은 쪽으로 가고 싶어."라고 말하자 서연이가 "저쪽 우산이랑 이쪽 우산이랑 어느 쪽이 좋아?"라고 서아에게 질문함/서아의 질문에 처음으로 대답함

(9월 *일) 서아네 어머니/공원/놀이/서아네 가족과 놀았음. 서아네 어머니를 향해 "오렌지주스"라고 말함/어머니에게 말한 것은 처음

〈기록 1〉에 나타난 5회분의 기록에서 유치원 이외의 장소에서 자연스러운 형태로 반 친구와 친구의 어머니가 있어도 목소리가 나오게 된 모습, 반 친구에 대한 발화의 변화를 알 수 있습니다. 매회 기록을 저와 어머니가 하나하나 확인함으로써 목소리가 나오는 상황이나 상대가 확대된 모습을 파악할 수 있었습니다. 그리고 다음번 확대로 이어질 만한 대응 방법을 함께 생각할 수 있었습니다.

〈기록 2: 유치원 건물 안에서 반 친구에게 발화〉

(1월 *일) 엄마(나)/유치원 돌봄교실/마중(색칠 공부)/아동 20명, 교사 2명이 있는 교실 구석에서 엄마의 귓가에 작은 목소리로 "집에 금색 색연필과 은색 색연필 있어?"라고 물음/유치원 건물 안에서 처음으로 발화?

(9월 * 일) 엄마(나), 서아, 예리, 나연/유치원 교실 앞/마중/서아, 예리, 나연이와 놀던 중, 마중 온 엄마(나)를 보고 4명이 다가옴. 서아가 "서연이랑 갈래."라고 엄마에게 말하자 서연이도 "서아랑 가고 싶어."라고 작은 목소리로 말함/바로 옆에 있던 예리와 나연이에게는 들리지 않은 것 같았음

(9월 * 일) 서아/유치원 복도/돌봄시간/서아네 어머니로부터 연락이 와서는 유치원에서 서연이가 서아에게 비밀 이야기를 해 주었다고 알려 주었음. 서연이에게 물어보니 복도에서 오늘 주사 맞으러 간다고 말했다고 함/유치원 건물 안에서 처음으로 반 친구에게 말했음

〈기록 2〉에 나타난 3회분의 기록에서 유치원 건물 안에서의 발화 확대를 알 수 있습니다. 얼마 전에 어머니가 데리러 왔을 때 아무도 없는 교실에 함께 들어가서 게시물과 그날 한 일을 대화의 주제로 삼는다는 계획은 3회밖에 실시하지 못했지만, 모두 대화할 수 있었습니다. 그 후에 돌아오는 길에 직원실 앞 복도를 지날 때도 어머니와 대화할 수 있게 되었습니다. 매일 기록함으로써 계획 이외의 상황에서도 자연스러운 형태로 점진적 노출이 진행되는 점을 알 수 있습니다.

4~5세 반이 된 서연이는 교실에서도 목소리는 작지만 상대방에게 들리는 목소리로 3명의 반 친구와는 말할 수 있게 되었습니다. 주위에 있는 아동에게도 그 목소리가 들리는 경우가 늘어났습니다. 이때까지 유치원 부지 안과 그 이외의 장소에서 서연이의 발화 및 발화 이외의 의사소통 수단은 다양한 형태로 나타났습니다. 처음은 담임교사의 눈을 본다(하고 싶은 것을 전하려고 한다, 담임교사는 서연이의 생각을 추측하여 대응한다, 몸짓을 사용해서 전한다)에서 시작해서 이윽고 담임교사의 질문에 입 모양으로 대답한다, 친한 반 친구 한 명의

귓가에 작은 목소리로 말한다(곧 상대는 세 명으로 늘어난다), 그리고 목소리는 작지만 귓가가 아니고도 말할 수 있다로 확장되었습니다(서연이의 목소리는 주위에 있는 담임교사나 반 친구에게도 들리는 크기입니다). 10월이 되면서 유치원 놀이 상황에서 같은 반 여자아이 모두와 말할 수 있게 되었고, 두 명의 남자아이와 대화하는 모습이 관찰되어, 말할 수 있는 반 친구가 급격히 늘어났습니다. 또한 놀이 상황에서 담임교사의 질문에 목소리를 내서 대답하는 큰 진전이 보였습니다.

7. 말문을 트이게 하는 그 밖의 방법

지금까지 점진적 노출과 자극 용암법을 이용한 스몰·스몰·스몰·스텝을 통해 말할 수 있게 되기 위한 대응 방법을 소개했지만, 이 외에도 전문적인 방법이 몇 가지 개발되어 있습니다. 다음에서는 이 중 세 가지 방법을 간단히 소개하겠습니다. 이 방법들을 실시하는 경우는 전문가의 협력이 필수적입니다.

유관 관리(contingency management)

말할 수 있을 때 강화제를 제시하는 방법입니다. 강화제는 전문용어이지만 그 아동에게 가치가 있는 것, 예를 들어 좋아하는 캐릭터 스티커 등입니다. 사례 2에서는 수업에서 발언할 수 있게 되었지만 목소리가 작았습니다. 그러자 담임교사가 아이디어를 내서 목소리의 크기 정도를 정해 그 크기의 목소리를 낼 수 있으면 스티커를 붙이고, 몇 장의 스티커가 모이면 아동이 좋아하는 캐릭터 스티커를 건네는 방법을 취했습니다.

다른 아동(趙·河內山·圍山, 2019)은 상담실에서 어느 정도 말할 수 있게 된 후에, 학교에서 질문에 대답하는 상황을 꾸민 '학교 놀이'를 실시하여, 담당자가 "○○은 무엇입니까?", "이것은 무엇입니까?"라고 질문하고 아동이 목소리를 내서 대답하는 기회를 만들었습니다. 그리고 정답인 경우는 '딩동댕!', 오답인 경우는 '땡!'처럼 게임 감각으로 피드백했습니다. 이 아동의 경우는 어머니와 보조교사에게도 다른 아동 역할로 학교 놀이에 참여하게 하여 대답하는 법의 모델이 되도록 하는 대응도 하였습니다.

행동 형성(shaping)

목소리를 내는 것 자체를 조금씩 형성하는 방법입니다. 상담실에서 어머니와는 말할 수 있는데, 직접 저를 향해 이야기하거나 저의 질문에 목소리를 내서 대답하는 것이 어려웠던 아동에게, 실 전화기를 사용한 적이 있습니다. 우선 저는 1미터 떨어진 곳에 있고, 그 아동과 어머니가 실 전화기를 사용해서 대화하게 하였습니다. 거기에 제 실 전화기를 연결하여 세 명이서 주고받도록 했습니다. 자유로운 대화는 어렵기 때문에 제가 "어머니가 좋아하는 음식은 무엇입니까?", "○○이(가) 좋아하는 음식은 무엇입니까?"라고 질문하고 답하게 하는 형식을 취했습니다. 실 전화기의 실을 짧게 해 감으로써 아동은 저의 질문에 목소리를 내서 대답할 수 있게 되었습니다.

그 밖에도 비눗방울 불기, 리본 불기, 장난감 나팔 불기와 같은 활동을 통해 의도적으로 숨을 내쉬는 연습을 하면서 조금씩 목소리를 내도록 지도하는 경우도 있습니다.

셀프 · 모델링(self modeling)

우선 학교에서 담임교사가 아동에게 질문하는 모습을 녹화하고, 또 가정에서 보호자가 같은 질문을 한 후 아동이 목소리를 내서 대답하는 모습을 녹화합니다. 두 장면을 잘라 이어 붙여 담임교사의 질문에 아동이 대답하는 동영상을 만듭니다. 그리고 그 동영상을 아동에게 보여 주고 목소리를 내서 대답하면 칭찬해 줍니다. 교사의 질문에 목소리를 내서 대답하는 자신을 봄으로써 학교 상황에서의 발화가 촉진되는 방법입니다(Dowrick, 1999). 동영상 대신 녹음을 사용하는 방법도 있습니다.

저는 이 방법을 사용한 적은 없지만, 이하라 등(井原他, 1982)은 치료사와 아동이 말하고 있는 상황에 담임교사가 참여하여 말하는 상황을 녹음하고, 그 녹음을 아동에게 들려주고 칭찬하는 방법을 점진적 노출과 조합해 가고 있습니다. 학교 상황에서 담임교사와 함께 녹음을 듣고, 치료사가 칭찬하며, 이것을 여러 차례 반복하였고, 얼마 안 있어 그 아동은 담임교사와 말할 수 있게 되었습니다.

이 셀프 · 모델링은 다른 사람에게 자신의 목소리가 들려지기 때문에 아동에 따라서는 강하게 거부할 수도 있습니다. 아동에게 이 방법과 장점을 충분히 설명하고 수용하게 한 후에 실시하는 것이 중요합니다.

8. 아동·가정·학교·전문가의 연계 협력

소개한 지원 사례는 모두 선택적 함묵증 아동 본인, 가정(보호자: 어머니), 학교(담임교사), 전문직(저)이 연계 협력하여 지원한 것입니다. 선택적 함묵증 아동의 지원은 '아동 자신 + 가정(보호자) + 학교(담임교사) + 전문직'의 연계 협력을 기반으로 하는 것이 이상적입니다. 그 이유는 '학교'에서는 아동이 말할 수 없지만 '가정'에서는 아동이 평범하게 말하고, '전문직'은 선택적 함묵증 아동의 지원 방법과 아이디어를 알고 있기(현재는 모든 전문직이 '알고 있다'고는 말할 수 없을지도 모릅니다) 때문입니다. 보호자의 역할, 담임교사의 역할, 전문직 역할이 각각 있고, 무엇보다도 스몰·스몰·스몰·스텝을 실제로 진행하는 것은 선택적 함묵증 아동 자신이기 때문입니다.

그러므로 보호자는 이 책에서 소개한 보호자만이 할 수 있는 역할을 이해하고 실행해 주었으면 합니다. 담임교사는 선택적 함묵증 아동이 말하지 못하는 상황인 유치원이나 학교에서 아동들이 안심하고 생활할 수 있으며, 말할 수 있게 되기 위해 협력해 주었으면 합니다. 그리고 전문직은 선택적 함묵증 아동의 지원에 관한 국제표준을 배워서 실행해 주었으면 합니다.

저는 전문직의 입장에서 선택적 함묵증 아동 지원에 관계하고 있지만, 이 4자 간의 연계 협력은 어렵지 않다고 생각합니다. 현재 근무 중인 대학이 있는 마츠에시(松江市)에는 특별한 지원을 필요로 하는 아동들을 취학 전부터 지원하는 '발달·교육상담지원센터'[일명 에스코(エスコ)]가 있습니다. 저는 이 센터의 전문상담원으로 참여하고 있습니다. 여기에는 에스코를 중심으로 4자가 연계 협력하기 쉬운 시스템이 있습니다. 이러한 전문기관과 네트워크가 없는 지역에서는 4자 간의 연계 협력이 어렵다고 말하는 사람도 있을 것입니다. 그러나 전문 인재의 육성, 기본적인 시스템 구축, 그리고 무엇보다도 연계 협력에 의한 실천을 해 보겠다는 의지가 있다면, 4자 간의 연계 협력에 따른 지원은 가능할 것입니다.

현재, 유치원이나 학교의 업무분장으로 특별지원교육 코디네이터 교사가 있습니다. 선택적 함묵증 아동의 지원에 있어서는 담임교사와 더불어 학교의 중심인물(key person)이 되는 교사입니다. 또한 많은 학교에는 상담교사(school counselor)가 배치되어 있습니다. 상담교사에게는 상담지원 전문직의 입장에서 연계 협력이 기대됩니다. 보건사*도 조기부터 선택적 함묵증 아동과 관계할 기회가 있는 전문직입니다. 일본에서는 3세 아동 건강진단을 비롯한 조기 발견·조기 대응 시스템이 갖추어져 있습니다. 특별지원학교의 센터적 기능에 의한 순회상담도 많은 실적이 있습니다. 이처럼 현재 구축되어 있는 시스템을 활용하여 4자 간의 연계 협력이 가능할 것입니다.

9. 대체 소통에서 말하기로, 안전한 참여가 언어적 성장을 만든다

마지막으로 선택적 함묵증 아동을 지원하는 데 있어서 제가 가장 중요하게 생각하는 것을 한 번 더 말해 두고 싶습니다. 독자 분들은 이미 눈치채고 계신가요? 이 장에서 소개한 '말할 수 있게 되기 위한 대응 방법'은 제4장의 유치원이나 학교에서의 '안심감, 활동·수업 참여도를 높이는 대응'과 무관하지 않습니다. 오히려 안심감과 참여도를 높이는 대응에 말할 수 있게 되기 위한 요소가 이미 포함되어 있다고 생각하는 것이 좋습니다.

'말하기'는 의사소통 방법 중 하나입니다. 선택적 함묵증 아동들은 '말하기'로 의사소통하기를 어려워하지만 '말하기' 이외의 방법으로는 의사소통

---

* 주민센터나 지역 보건소, 보건센터 등에 근무하며 주민들이 건강하게 생활하도록 보건 활동을 하는 직업. 국가 자격을 취득해야 하는 전문직이다.

이 가능합니다. 그리고 의사소통에는 상대방이 있습니다. 유치원이나 학교에서 아동들은 교사나 반 친구와 의사소통합니다. 그로 인해 안심감과 참여도가 높아져 유의미한 생활이 됩니다. 그래서 우선은 의사소통(주고받기)을 할 수 있도록 하는 것이 중요합니다.

의사소통(주고받기) 속에는 아동의 여러 가지 요소가 포함되어 있습니다. 예를 들어, 제스처로 전하려고 하는 아동은 '마음속으로는 말하고 있다'고 생각해도 좋을 것입니다. 즉, 제스처를 통해 '마음속으로 말하고 있는 것', 그것을 알아듣는 것입니다. 그 '마음과 마음의 의사소통'이 지원의 기반입니다.

'말하기'로 의사소통을 할 수 있게 하려면 다양한 전문적인 방법을 배워서 지원해야 합니다. 이 장에서는 점진적 노출과 자극 용암법을 기반으로 한 지원 사례를 소개하였습니다. 전문용어는 어렵지만 실제로 실행하는 것이 어려운 내용은 아닙니다. 숙련된 기법을 이용한 것도 아닙니다. 필요한 것은 아동이 '말하기' 위해 앞으로 나아가도록 '마음과 마음의 의사소통'을 기반으로 하여 스몰 · 스몰 · 스몰 · 스텝을 만드는 것입니다. 이러한 작은 스텝을 진행해 가는 것은 안심감을 높여 활동이나 수업 참여도를 한층 더 높이는 것이기도 합니다.

전문기관 중심 지원의 초기 대응 방법

전문기관 중심 지원을 받는다면 초기 내담일부터 몇 회기까지는 놀이치료실에서 아동과 보호자 또는 형제자매만 노는 시간을 설정할 것을 권장합니다. 상담실이나 놀이치료실이라는 장소가 처음이어도 말할 수 있는 사람(보호자나 형제자매)이 있고 재미있는 장난감이 많아, 처음 보는 사람(치료사 등)이 없는 상황에서 선택적 함묵증 아동이 입을 열기가 쉬워집니다. 이 방법은 112쪽에 소개한 것처럼 Bergman(2018)도 첫 번째 내담 시의 방법으로 권장하고 있으며, Kotrba(2019)도 '워밍업(warming up)'으로 권장하고 있습니다. 우선 놀이치료실을 발화할 수 있는 상황으로 만든 후, 자극 용암법에 의해 치료사가 있어도 발화가 계속되고, 얼마 지나지 않아 치료사에게도 발화할 수 있도록 해 나가는 것입니다.

다음 그림은 1회기부터 10회기까지 놀이치료실에 있는 사람을 어머니(Mo)만 있는 상태에서 젊은 여성 보조교사(ST1과 ST2) 및 주교사(MT)의 자극 용암 순서와 아동의 발화 상황을 나타낸 것입니다. 흰색 사각형은 발화 가능 상태, 검정색 사각형은 발화할 수 없는 상황, 회색 사각형은 긴장하지 않고 놀 수 있지만 발화가 없는 상태입니다. 어머니는 처음부터 말할 수 있는 사람이지만 보조교사와 주교사도 조금씩 아동에게 말할 수 있는 사람으로 받아들여지는 것을 알 수 있습니다(趙 · 河内山 · 園山, 2019).

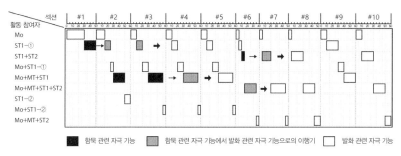

자극 용암과 발화 상황의 변화

❖ 맺는말

가쿠엔샤의 스기모토 테츠야 대표님으로부터 집필을 의뢰받은 지 벌써 6년이 지났습니다. 당시에는 선택적 함묵증에 대한 제 식견이나 연구 성과가 부족해서 이를 충족한 뒤에 집필을 시작해야 한다고 생각했습니다. 지금도 충분하다고는 할 수 없습니다만, 상담하러 오는 선택적 함묵증 아동과 보호자를 생각하면 지금 알고 있는 것을 쓰는 일이 교사나 보호자에게 조금이라도 도움이 될 것이라고 생각하였습니다. 그래서 이번에는 제 쪽에서 스기모토 대표님에게 출판을 부탁하였고 기쁘게 승낙해 주셨습니다. 6년 동안 기다려 주셔서 감사드립니다.

이 책을 집필하면서 '일본에서는 선택적 함묵증을 주된 연구과제로 하는 연구자가 적다, 선택적 함묵증을 전공으로 하는 연구자가 더 늘어나야 한다'는 생각을 여러 번 했습니다. 일본에서의 선택적 함묵증에 관한 연구와 지원의 역사는 길고 학술논문도 많지만 학교의 교사나 보호자, 전문직이 참고할 수 있는 도서는 적었기 때문입니다. 최근 15년 동안 그나마 늘었지만 말입니다.

이러한 일본의 상황 속에서 선택적 함묵증을 주된 연구과제로 하는 '일본선택적 함묵증연구회'가 2013년 9월 1일에 설립되었습니다(설립 당시는 '일

142

본함묵연구회'). 회원이 조금씩 증가하여 현재는 300명을 넘었는데 연구자나 지원 전문직만이 아닌 선택적 함묵증 당사자나 경험자, 보호자 회원이 많은 것이 특징입니다.

연구회의 주된 목적은 다음 세 가지입니다.

① 선택적 함묵증(전체 함묵 등, 관련된 상태를 포함) 연구
② 선택적 함묵증에 관한 이해 계발
③ 선택적 함묵증을 가진 당사자와 지원자 간 상호 연계

이 연구회의 활동 및 그 외 관계자의 노력에 힘입어 향후 선택적 함묵증에 관한 연구 성과가 점점 더 생겨나고 지원 방법이 한층 더 진전되기를 바랍니다.

이 책의 기반이 된 것은 저 자신이 실제로 관계한 상담과 지원 및 연구입니다. 특히 사례 연구로 논문을 정리하여 발표하는 데 협력해 주신 아동과 보호자 분께 진심으로 감사드립니다. 여러분과 시행착오를 겪으면서 한 걸음 한 걸음 나아갔던 경험이 이 책을 집필하는 원동력이 되었습니다.

선택적 함묵증 경험자 및 보호자 여러분께도 감사를 전합니다. 요청한 여러 차례의 설문조사에 응하여 귀중한 정보를 전해 주신 덕분에 지금까지 잘 알지 못했던 경험자 · 당사자의 생각이나 어려움 등을 알고 보다 깊이 사고할 수 있게 되었습니다.

또한 3년 전에 부임한 마츠에(松江)에서 순회상담의 기회를 주신 '에스코 (エスコ, 마츠에서 발달 · 교육 상담지원센터)'의 여러분 덕분에 네트워크를 활용한 상담지원과 유치원 · 어린이집 교사 분들과의 연계 협력을 통한 지원을 경험

했습니다. 그곳에서 선택적 함묵증 아동들, 보호자 여러분, 그리고 교사 분들이 변해 가는 모습을 확인한 경험도 이 책을 집필하는 데 힘이 되었습니다.

츠쿠바 대학 시절의 지도학생과 공동연구에 참여해 주신 여러분에게도 공동 작업을 통해 귀중한 연구 성과를 얻을 수 있었음에 감사드립니다. 이 책의 기반이 되는 많은 증거를 얻을 수 있었습니다.

마지막으로 아내 히로코에게 감사하다고 전하고 싶습니다. 초고의 첫 번째 독자인 아내는 글을 알기 쉬운 문장으로 고쳐 주었습니다. 저는 머릿속에 있는 것을 꺼내 쓰기에 급급했는데 이것이 읽기 쉬운 문장이 된 것은 아내의 도움 덕분입니다.

이 책이 선택적 함묵증 아동들의 지원에 도움이 되기를 진심으로 바랍니다.

소노야마 시게키

❖ 참고문헌

* 표시 논문은 CiNii나 J−STAGE에서 검색하여 내려받기할 수 있습니다.

アメリカ精神医学会 (髙橋三郎・大野裕監訳) (2014) DSM−5® 精神疾患の診断・統計マニュ…アル. 医学書院. (原書: American Psychiatric Association (2013) *Diagnostic and Statistical Manual of Mental Disorders, Fifth Edition.* Arlington, VA: American Psychiatric Publishing.)

荒木富士夫 (1979)「小児期に発症する緘黙症の分類」博士論文 (九州大学)

バーグマン , L. (園山繁樹監訳) (2018) 場面緘黙の子どもの治療マニュアル―統合的行動アプローチ―. 二瓶社. (原書: Bergman, L. (2012) *Treatment for Children With Selective Mutism: An Integrative Behavioral Approach.* New York: Oxford University Press.)

* 趙成河・園山繁樹 (2018) 選択性緘黙の有病率に関する文献的検討. 障害科学研究, 42, 227-236.

* 趙成河・河内山冴・園山繁樹 (2019) 場面緘黙を示す幼児に対するクリニック型行動的介入の初期段階における刺激フェイディング法及び随伴性マネジメントの適用. 障害科学研究, 43, 183-192.

* Dowrick, P. W. (1999) A review of self modeling and related interventions. *Applied and Preventive Psychology,* 8(1), 23-39.

* 藤原あや・園山繁樹 (2019) わが国における保育場面で場面緘黙を示す幼児の支援に関する文献的検討. 障害科学研究, 43, 125-136.

外務省 (2014) 障害者の権利に関する条約. https://www.mofa.go.jp/mofaj/fp/hr_ha/

page22_000899.html（最終閲覧日：令和 3 年 8 月 10 日）

* 後藤毅（1956）情緒的障碍に因る緘黙児に対する心理療法の一事例. 大阪市立大学家政学部紀要, 3(5), 59-63.

* 長谷川恵子・宮沢亜左子・園山繁樹・秋元久美江（1988）幼稚園で緘黙傾向を示した兄弟の保育. 日本保育学会大会研究論文集, 41, 586-587.

浜田貴照・藤田継道・早崎美香・成瀬智仁・田端康治・園山繁樹（2008）体験者が語る緘黙症の指導体制を巡る日本の実情（準備委員会企画シンポジウム7, 日本特殊教育学会第45 回大会シンポジウム報告）. 特殊教育学研究, 45, 299-301.

* 久田信行・藤田継道・高木潤野・奥田健次・角田圭子（2014）Selective mutism の訳語は「選択性緘黙」か「場面緘黙」か？ 不安症研究 , 6(1), 4-6.

* 久田信行・金原洋治・梶正義・角田圭子・青木路人（2016）場面緘黙（選択性緘黙）の多様性ーその臨床と教育ー. 不安症研究, 8(1), 31-45.

入江紗代（2020）かんもくの声. 学苑社.

* 井原成男・大上良隆・矢沢圭介（1982）心因性緘黙に対する行動療法ー現実的脱感作法と象徴モデリングの併用. 行動療法研究, 8(1), 36-44.

国立特別支援教育総合研究所（online）「合理的配慮」実践事例データベース. http://inclusive.nise.go.jp/?page_id=110 （最終閲覧日：令和 3 年 8 月 10 日）

コトルバ, A.（丹明彦監訳, 青柳宏亮・宮本奈緒子・小暮詩織訳）（2019）場面緘黙の子どものアセスメントと支援ー心理師・教師・保護者のためのガイドブックー.（原書: Kotrba, A. (2015) Selective Mutism: An Assessment and Intervention Guide for Therapists, Educators, and Parents. Eau Claire, WI: Pesi Pub & Media.）

かんもくネット（online）場面緘黙質問票（SMQ-R）. http://kanmoku.org/smq-r.pdf（最終閲覧日：令和 3 年 8 月 10 日）

* 小島拓也・関戸英紀（2013）選択性緘黙の児童に対するコミュ…ニケーションカードを用いたあいさつ等の指導. 特殊教育学研究, 51, 359-368.

マクホルム, A.・カニンガム, C. E.・バニエ, M. K.（河井英子・吉原桂子訳）（2007）場面緘黙児への支援ー学校で話せない子を助けるためにー. 田研出版（原書: McHolm, A., Cunningham, C. E., & Vanier, M. K. (2005) *Helping Your Child*

With Selective Mutism. Oakland: New Harbinger Publications.)

*Matsushita, H., Okumura, M., Sakai, T., Shimoyama, M., and Sonoyama, S. (2019) Enrollment rate of children with selective mutism in kindergarten, elementary school, and lower secondary school in Japan. *Journal of Special Education Research*, 8(1), 11-19.

*Matsushita, H., Okumura, M., Sakai, T., Shimoyama, M., and Sonoyama, S. (2020) Difficulties faced by children with selective mutism in schools and support thereof. *Journal of Special Education Research*, 9(1), 23-34.

* 松下浩之・佐藤久美・趙成河・奥村真衣子・酒井貴庸・下山真衣・園山繁樹 (2018) カナダにおける選択性緘黙に対する治療アプローチー McMaster Children's Hospital の視察を通してー. 山梨障害児教育学研究紀要 (山梨大学教育学部障害児教育講座), 12, 106-116.

* 宮本昌子・飯村大智・深澤栄月・趙成河・園山繁樹 (2021) 吃音を伴う場面緘黙児童への介入ーLidcombe Program を適用した効果の検討ー. 障害科学研究, 45, 227-239.

文部科学省 (2012) 共生社会の形成に向けたインクルーシブ教育システム構築のための特別支援教育の推進 (中央教育審議会特別支援教育の在り方に関する特別委員会報告)https://www.mext.go.jp/b_menu/shingi/chukyo/chukyo3/siryo/attach/1325881.htm (最終閲覧日: 令和 3 年 8 月 10 日)

文部科学省 (2013a) 教育支援資料.https://www.mext.go.jp/a_menu/shotou/tokubetu/material/1340250.htm (最終閲覧日: 令和 3 年 8 月 10 日)

文部科学省 (2013b) 障害のある児童生徒等に対する早期からの一貫した支援について (通知) 25 文科初第756号. https://www.mext.go.jp/a_menu/shotou/tokubetu/material/1340331.htm (最終閲覧日: 令和 3 年 8 月 10 日)

文部科学省 (2017a) 幼稚園教育要領. https://www.mext.go.jp/content/1384661_3_2.pdf (最終閲覧日: 令和 3 年 8 月 10 日)

文部科学省 (2017b) 小学校学習指導要領. https://www.mext.go.jp/content/1413522_001.pdf (最終閲覧日: 令和 3 年 8 月 10 日)

文部科学省（2017c）小学校学習指導要領解説 総則編. https://www.mext.go.jp/component/a_menu/education/micro_detail/__icsFiles/afieldfile/2019/03/18/1387017_001.pdf（最終閲覧日: 令和3年8月10日）

文部科学省（2019）令和元年度 児童生徒の問題行動・不登校等生徒指導上の諸課題に関する調査結果について.https://www.mext.go.jp/content/20201015-mext_jidou02-100002753_01.pdf（最終閲覧日: 令和3年6月20日）

モリナガアメ（2017）かんもくって何なの!?ーしゃべれない日々を抜け出た私ー. 合同出版.

モリナガアメ（2020）話せない私研究ー大人になってわかった場面緘黙との付き合い方ー. 合同出版.

* 中嶋忍・河合康（2021）明治時代の長野県における悪癖（問題行動）を示す児童への教育に関する史的研究ー教場唖（場面緘黙症）の児童の指導についてー. 上越教育大学研究紀要, 40(2), 517-526.

* 奥村真衣子・園山繁樹（2018）選択性緘黙のある児童生徒の学校場面における困難状況の理解と教師やクラスメイトに求める対応ー経験者への質問紙調査からー. 障害科学研究, 42, 91-103.

らせんゆむ（2015）私はかんもくガールーしゃべりたいのにしゃべれない 場面緘黙症のなんかおかしな日常ー. 合同出版.

桜井登世子・桜井茂男（2002）幼稚園において緘黙である幼児に対する治療過程. 筑波大学発達臨床心理学研究, 14, 45-50.

* 沢宮容子・田上不二夫（2003）選択性緘黙児に対する援助としてフェイディング法に対人関係ゲームを加えることの意義. カウンセリング研究, 36(4), 380-388.

十亀史郎（1973）自閉症児・緘黙児. 黎明書房.

* 園山繁樹（1992）行動療法における Interbehavioral Psychology パラダイムの有用性ー刺激フェイディング法を用いた選択性緘黙の克服事例を通してー. 行動療法研究, 18(1), 61-70.

園山繁樹（2009）選択性緘黙の経験者と保護者に対する質問紙調査. 日本特殊教育学会第47回大会ポスター発表.

* 園山繁樹 (2017) 選択性緘黙を示す小学生の担任、母親および特別支援教育コーディネーターへのコンサルテーション. 障害科学研究, 41, 195-208.

高木潤野 (2017) 学校における場面緘黙への対応―合理的配慮から支援計画作成まで―. 学苑社.

* 内山喜久雄 (1957a) 小児緘黙症に関する研究―第1報 発現要因について. 北関東医学, 9(4), 772-785.

* 内山喜久雄 (1957b) 小児緘黙症に関する研究―第2報 治療方法について. 北関東医学, 9(4), 786-799.

内山喜久雄 (1959)「小児緘黙症に関する研究」博士論文 (群馬大学)

WHO (2018) *ICD-11: International Classification of Diseases 11th Revision.* https://icd.who.int/en (最終閲覧日: 令和3年8月10日)

Williams, D. (1992) *Nobody Nowhere: The Extraordinary Autobiography of An Autistic Girl.* New York: Doubleday. (邦訳: 河野万里子訳 (2000) 自閉症だったわたしへ. 新潮社)

ウィンジェンズ, A. (2017) 第6章 場面緘黙と自閉症スペクトラム障害の関連性. スミス, B. R., ・スルーキン, A. 編 (かんもくネット訳) 場面緘黙支援の最前線―家族と支援者の連携をめざして―. 学苑社, pp. 84-97. (原書: Smith, B. R. & Sluckin, A. Eds. (2014) *Tackling Selective Mutism: A Guide for Professionals and Parents.* London: Jessica Kingsley Publishers.)

全国情緒障害教育研究会編 (1974) 緘黙・孤立児. 日本本文化科学社.

BAMENKANMOKU SHIEN NYUMON

© 2022 Shigeki Sonoyama
Korean translation copyright © 2025 by Korean Studies Information Co., Ltd.
Korean translation rights arranged with GAKUENSHA through Japan UNI Agency, Inc., Tokyo

초판인쇄 2025년 03월 31일
초판발행 2025년 03월 31일

지은이 소노야마 시게키
옮긴이 조성하
발행인 채종준

출판총괄 박능원
국제업무 채보라
책임번역 문서영
책임편집 조지원 · 박나리
디자인 홍은표
마케팅 문선영
전자책 정담자리

브랜드 이담북스
주소 경기도 파주시 회동길 230 (문발동)
투고문의 ksibook13@kstudy.com

발행처 한국학술정보(주)
출판신고 2003년 9월 25일 제406-2003-000012호
인쇄 북토리

ISBN 979-11-7318-199-3 93370

이담북스는 한국학술정보(주)의 학술/학습도서 출판 브랜드입니다.
이 시대 꼭 필요한 것만 담아 독자와 함께 공유한다는 의미를 나타냈습니다.
다양한 분야 전문가의 지식과 경험을 고스란히 전해 배움의 즐거움을 선물하는 책을 만들고자 합니다.